Knut Dembowski

Ohren auf!

Neue Methoden im Musikunterricht der Klassen 5–7

Auer Verlag GmbH

Die Mitarbeiter und Mitarbeiterinnen

Knut Dembowski – Gesamtschullehrer in Lübeck, Studienleiter am IPTS in Schleswig-Holstein, zahlreiche Veröffentlichungen und Fortbildungen zu Didaktik und Methodik schülerorientierten Musikunterrichts, aktiver Musiker und Leiter einer Samba-Percussion-Band

Ein herzlicher Dank gilt den folgenden Mitarbeiter/innen:

Sonja Giesow, Lehrerin an der Pestalozzi-Schule, Grundschule, 23554 Lübeck

Lothar Heyn, Lehrer an der Gesamtschule Wulfen, 46286 Dorsten

Kerry Jonitz, Lehrerin an der Erich-Kästner-Schule, Haupt- und Realschule, 19063 Schwerin

Helke Linowitzki, Studienrätin am Johanneum, 23552 Lübeck

Michael Pabst-Krueger, Realschullehrer und zurzeit Lehrbeauftragter an der Erziehungswissenschaftlichen Fakultät der Christian-Albrechts-Universität, Kiel

Gerda Ratering, Lehrerin an der Gesamtschule Wulfen, 46286 Dorsten

Gedruckt auf umweltbewusst gefertigtem, chlorfrei gebleichtem und alterungsbeständigem Papier.

1. Auflage. 2001
© by Auer Verlag GmbH, Donauwörth
Alle Rechte vorbehalten
Zeichnungen: Elisabeth Lottermoser
Gesamtherstellung: Ludwig Auer GmbH, Donauwörth
ISBN 3-403-0**3532**-8

Inhalt

1. Didaktische und methodische Hinweise

Hören Sie mir doch einmal zu!

Kennen Sie diese Situation? Die Klasse sitzt still im Stuhlkreis, sie schalten zum Abspielen eines Hörbeispiels den CD-Player ein und, als sei dies ein Startsignal, beginnen die Schüler und Schülerinnen beim ersten Ton der Musik mit ihren Nachbarn und Nachbarinnen munter darauf los zu schwatzen. Sorglose Zwiegespräche ganz alltäglicher Art. Also noch einmal von vorn. Für die nötige Durchsetzung sorgt schließlich die Autorität der Lehrkraft.

Sind Ihnen Redewendungen wie diese aus Ihrem Unterricht bekannt? – „Nun hört doch mal zu!" – „Konzentriere dich auf das Hörbeispiel!" – „Wenn ihr dauernd redet, könnt ihr natürlich auch nichts hören!" … Die Liste ließe sich endlos fortsetzen.

Zwei Aspekte sind dabei interessant: Erstens, dass Musik beim Erzählen und Zuhören nicht stört, dass sie – wie im oben beschriebenen Fall – sogar Kommunikation in Gang setzen kann. Zweitens, dass Schüler und Schülerinnen zu selten das Gefühl haben, bewusst ihren Teil der Verantwortung für ihr Lernen zu übernehmen.

Hören ist mehr als die wahllose, unbeteiligte Wahrnehmung akustischer Reize. Obwohl die Beanspruchung der Kinder und Jugendlichen als Zuhörer im Alltag ständig wächst, findet eine gezielte Hör-Erziehung in der Regel kaum statt; als bräuchte man Hören – außer in der „ökologischen Nische" des Musikunterrichts – nicht zu lernen. Hören gehört zu den Grundfähigkeiten, die der Unterricht fördern soll. Bei einer Hör-Erziehung sollte es auf die bewusste, absichtsvolle und gerichtete Handlung des Hörens und Zuhörens ankommen.

Der zweite Aspekt betrifft die Aufmerksamkeit der Schüler und Schülerinnen, was den Einsatz von Musik im Unterricht angeht. Es ist zu erwarten, dass die Lehrkraft das Abspielen eines Hörbeispiels mit einer Hör-Lernaufgabe gekoppelt hat. Die Aktivität der Schüler und Schülerinnen orientiert sich hingegen an einem gesellschaftlich nahezu konventionalisierten Hintergrundmusik-Verhalten. Ist ihnen daraus ein Vorwurf zu machen? Viele so genannte unterrichtliche Selbstverständlichkeiten müssen gelernt, die Schüler und Schülerinnen mit Kompetenzen ausgestattet werden.

Hier hat der Musikunterricht eine einmalige Chance gegenüber anderen Fächern, weil Musik lerneffektiv viele Sinne anspricht. Die veranschaulichenden Begleitinformationen und Beispiele lassen neben dem in vielen Fächern der Sekundarstufe I hauptsächlich kognitiv angesprochenen Eingangskanal auch sonst zu

selten benutzte haptische und motorische Gehirnregionen bei der Aufnahme einer neuen Information mitschwingen. Dadurch werden die Übergänge ins Kurzzeit- und Langzeit-Gedächtnis verbessert.

Die *Grundidee* des Unterrichtsvorhabens *Ohren auf!* ist, die Kinder intensiv mit spezieller „Sinneskost" zur Differenzierung der Hör-Wahrnehmung zu versorgen und diese Versorgung mit motivationsfördernder Eigenaktivität zu koppeln, die es ihnen ermöglicht, mehr Verantwortung im Unterricht zu übernehmen.

Ohren auf! im Musikunterricht …

- übt und trainiert den Prozess der Hörwahrnehmung
- lässt alle Schülerinnen und Schüler gleichzeitig aktiv sein
- erfordert keine fachlichen Spezialkenntnisse von den Schülerinnen und Schülern (z. B. Beherrschen eines Instruments), lässt Vorkenntnisse jedoch zur Anwendung kommen
- bietet Tätigkeiten an, bei denen für **alle** erreichbare Erfolge möglich sind
- macht Angebote, die die Selbsttätigkeit der Schülerinnen und Schüler verstärkt herausfordern
- bevorzugt Spiel- und Arbeitsaufgaben, die in relativ kurzer Zeit zu schaffen sind, aber konzentriertes Arbeiten erfordern
- vermittelt Erfahrungen gemeinsam über einen längeren Zeitraum prozessorientiert tätig zu sein und dies aus- und durchhalten zu können
- lässt verstärkt echte reflektorische Momente entstehen, damit die Schüler und Schülerinnen darüber miteinander ins Gespräch kommen
- verführt nicht zum Zuschauen, sondern ermöglicht allen Beteiligten **vielfältige** Lernerfahrungen
- berücksichtigt die heterogene Zusammensetzung der Lerngruppe/n und hält differenzierte und differenzierende Angebote bereit
- steigert die Lust am Unterricht

Ohren auf!

Ohren auf! ist ein fächerübergreifendes Vorhaben des Fachs Musik und der Naturwissenschaften (Biologie/Physik), bei dem die Methode des Stationenlernens zur Anwendung kommt und auf Sinnesvielfalt geachtet wird.

Die Schüler und Schülerinnen durchlaufen folgende sechs Stationen in einem Lernzirkel:

1. Wir informieren uns
2. Wir spielen
3. Wir stellen Versuche an
4. Wir stellen etwas her
5. Wir drücken uns aus
6. Wir machen Musik

Wir informieren uns: Angebot dieser Station ist es, einen theoretischen Überblick zum Thema zu geben. Das Angebot informiert über ausgewählte Aspekte des Hörvorgangs, des Phänomens Schall, des Gehörschutzes.

Wir spielen: Die Angebote dienen der Verbesserung von Aufmerksamkeit und auditiver Diskriminierungsfähigkeit. Das Klanggedächtnis wird in den spielerischen Lernvorgang einbezogen und damit ein effektiveres Speichern von Informationen geschult.

Wir stellen Versuche an: Durch experimentelles Tun sollen neue Erkenntnisse gewonnen, miteinander verglichen und eingeordnet werden. Außerdem werden Einsichten in akustisch-musikalische Zusammenhänge ermöglicht. In Versuchsprotokollen werden die Ergebnisse schriftlich festgehalten.

Wir stellen etwas her: Durch die Arbeit mit Alltagsmaterialien (Fahrradspeichen, Waschmittelbehälter, Abflussrohre …) und -situationen wird zusätzlich der Blick für oft schon selbstverständlich gewordene alltägliche Situationen und Dinge differenziert, die Umwelt wieder neu wahrgenommen. Zu Material für etwas Neues werden diese Dinge jedoch erst, wenn sie aus dem alltäglichen Zusammenhang herausgelöst und neu angeordnet werden. Genau darin besteht das kreative Moment, das im Rahmen ästhetischer Praxis Erkennen fördert und Erkenntnisse ermöglicht.

Wir drücken uns aus: Hören ist kein rein physiologischer Vorgang. Bewertung und Auswertung des Gehörten, Assoziationsbildung sowie Spannungen, die durch das Gehörte auf sozialer und emotionaler Ebene entstehen, sind von entscheidender Bedeutung. Ohne diese Möglichkeiten könnten wir beim Menschen nur schwerlich von einem gelungenen Hör- und Denkprozess sprechen.

Wir machen Musik: Musik trägt in besonderem Maße zur Verfeinerung der Sinne bei und fördert zugleich deren Wachstum. Die Wahrnehmung von Feinheiten ist wesentlich für das Erfassen von Variationen. Dies gibt Aufschluss darüber, wie man hört und

zuhört. Der Schwerpunkt dieses Angebots liegt auf dem Umgang mit Klang. Daher ist es nicht unbedingt notwendig, dass die Kinder ein Instrument beherrschen oder Noten kennen.

- Zu jeder Station steht eine Vielfalt von Angeboten bereit.
- Ein Einstieg ist an jeder beliebigen Station möglich.
- Die Verweildauer an einer Station sollte etwa 20 bis 30 Minuten betragen.
- Neben den Lernstationen für Einzelne, Paare oder Gruppen werden auch Gemeinschaftsaktionen im Klassenverband durchgeführt.
- Gemeinsame Besprechungsphasen geben Rückmeldung über die geleistete Aktivität.

Kompetenzen

Das Lernen an Stationen erweist sich – gerade im Hinblick auf Aspekte der Individualisierung und Differenzierung – als geeignete Methode, die Hör-Wahrnehmung zu fördern.
Gleichzeitig kommt es zu einer eingehenden Vermittlung von Kompetenzen:

- Vermittlung von **Selbstkompetenz** durch das Hinführen zum selbstständigen Arbeiten und durch die Förderung der Fähigkeit, die eigene Leistung selbst einzuschätzen.
- Vermittlung von **Sozialkompetenz** durch die Arbeit in verschiedenen Sozialformen und durch die Erfordernis der gegenseitigen Rücksichtnahme zur Gewährleistung eines reibungslosen Arbeitsablaufs.
- Vermittlung von **Sachkompetenz** durch vielfältiges Üben der Inhalte, gegebenenfalls unter Berücksichtigung unterschiedlicher Lerneingangskanäle.
- Vermittlung von **Methodenkompetenz** durch das Kennenlernen verschiedener Methoden, einen Stoff zu verinnerlichen und diese Methoden selbstständig anzuwenden.

Wie Sie mit diesem Buch umgehen

Im ersten Teil des Buches werden Sie in die Konzeption von *Ohren auf!* eingeführt und bekommen hilfreiche Vorschläge zur Organisation im Unterricht. Der zweite Teil enthält einen vollständigen Lernzirkel zum Thema Hör-Wahrnehmung. Im dritten Teil finden Sie nützliche Kopiervorlagen, Bastelanleitungen usw.
Jede Station des Lernzirkels umfasst 8 Aufgabenkarten für Schüler und Schülerinnen. Diese Karten können für den Gebrauch im Unterricht unverändert übernommen werden. Auf Pappe kopiert und anschließend laminiert, halten sie mehrere Jahre lang.

Sie können diese Karten durch eigene Vorschläge ergänzen. Dies wäre ein gewünschtes Anliegen dieses Buches, denn auf diese Weise entstünde für den Unterricht vor Ort jeweils ein ganz individuelles *Ohren auf!* – auf die Fähig- und Fertigkeiten der jeweiligen Schülerinnen und Schüler abgestimmt. (Auf den Seiten 70–73 befinden sich entsprechende Blanko-Karten.)

Die Karten für die Gemeinschaftsaktionen sind für die Lehrerhand vorgesehen. Auch hier existiert eine Vielfalt von ergänzenden Möglichkeiten. Bitte auffüllen!

Auf der ebenfalls erhältlichen CD (ISBN 3-403-0**5919**-7) sind einige Lernaufgaben akustisch für die Lehrkraft illustriert. Hörbeispiele, die Sie für die Stationen benötigen, überspielen Sie am besten auf eine Audio-Kassette.

An Material benötigen Sie:
- ein großes Ohr-Modell als Anschauungs- und Anfassobjekt aus der Biologie-Sammlung;
- die schuleigenen Biologie- und Physikbücher sowie herkömmliche Nachschlagewerke;
- mindestens drei Kassettenrekorder oder evtl. Walkman (bringen Schüler/innen selbst mit);
- Stimmgabeln, Reagenzgläser oder Schalen und ein Oszilloskop aus der Physik-/Biologie-Sammlung;
- Kleinpercussion;
- Alltagsmaterialien, aus denen etwas Musikalisches hergestellt wird (bringen die Schüler/innen mit);
- Bastelmaterial und kleines Werkzeug.

Sie sehen, im Grunde muss nichts Neues angeschafft werden. Ihre Fachkollegen und -kolleginnen sind Ihnen bei der Ausleihe sicher gern behilflich. Vielleicht haben sie sogar Lust, im Rahmen eines fächerübergreifenden Unterrichts mitzumachen und weitere Ideen beizusteuern?

Unabhängig davon, ob Sie *Ohren auf!* innerhalb einer Projektwoche, an einem Projekttag, in Doppel- oder Einzelstunden einsetzen oder einzelne Angebote in einen nicht lernzirkelorientierten Unterricht integrieren: *Ohren auf!* soll anregen, Musikunterricht aktiv und lebendig sein zu lassen.

Organisation

Zwei Organisationsformen des Stationenlernens bieten sich für die Ohr-Schau an:

1. Das gebundene Angebot
Die Schülerinnen und Schüler bilden feste Gruppen und wandern mit diesen von Station zu Station. Auf ein verabredetes Signal hin erfolgt jeweils ein Stationenwechsel. Der Zeitraum für die Bearbeitung der einzelnen Aufgaben ist begrenzt (s. o.).

2. Das offene Angebot
Die Schüler und Schülerinnen suchen sich aus den angebotenen Stationen selbst diejenigen Aufgaben heraus, die sie (zurzeit) bearbeiten wollen. Sofern es die

Aufgabe anbietet, ist ihnen ebenfalls die Sozialform freigestellt.

Eine Misch-Variante besteht darin, zunächst den Lernzirkel in seiner gebundenen Form durchzuführen und anschließend in einer offenen Form den Kindern Gelegenheit zu geben, sich für spezielle Lernaufgaben vertiefend zu interessieren oder diese zu wiederholen.

Grundsätzlich gilt: Vor Beginn der Arbeit mit dem Lernzirkel findet mit der gesamten Klasse eine Begehung der Stationen statt. Jedem Schüler und jeder Schülerin muss klar sein, was er/sie an jeder einzelnen Station zu tun hat (auf sinnentnehmendes Lesen, z. B. von schriftlichen Arbeitsaufträgen, wird insbesondere hingewiesen). Auch das Beenden einer Station muss abgesprochen werden (Kassetten zurückspulen, Arbeitswerkzeug ordnen usw.), damit die jeweils nächste Gruppe ohne Verzögerung mit ihrer Arbeit beginnen kann.

Gebundenes Angebot

Die Klasse wird in sechs etwa gleich starke Gruppen eingeteilt; jede Gruppe beginnt ihre Arbeit an einer der Stationen 1–6. Nach Ablauf einer vorgegebenen Zeitdauer ertönt ein vorher vereinbartes Signal: die Stationen werden im Uhrzeigersinn gewechselt. Nun beginnen die Gruppen mit der Arbeit an der nächsten Station. Das geht so lange, bis jede Gruppe einmal alle Stationen (evtl. aber mindestens zwei Drittel der Stationen) bearbeitet hat.

Die Lernangebote an den Stationen sollten alle in vergleichbaren Zeitabschnitten zu behandeln sein, da beim Ertönen des vereinbarten Signals alle Schüler/innen ihre Station verlassen und zur nächsten wechseln müssen.

Dazu müssen einige Stationen binnendifferenziert eingerichtet werden, andere haben ein so genanntes *offenes Ende*, können also (fast) jederzeit unterbrochen werden. Auf diese Weise werden verschiedene Fähig- und Fertigkeiten aller Schülerinnen und Schüler geschult.

Die Bearbeitungsdauer einer Station sollte ungefähr 20–30 Minuten nicht überschreiten. Im Regelfall, vor allem wenn Klassen zum ersten Mal dieser Unterrichtsart begegnen, pendelt sich o. g. Bearbeitungsdauer auf ca. 30 Minuten ein. So wird während einer Unterrichtsstunde im Regelfall eine Runde geschafft. Das (vorübergehende) Einrichten von Doppelstunden wäre für diese Organisationsform optimal; ansonsten kann die Arbeit am Lernzirkel auch auf mehrere Einzelstunden (– und somit sind einige Wochen des Stoffverteilungsplanes sinnvoll ausgenutzt –) verteilt werden.

Die Festlegung der Bearbeitungsfolge (und damit ebenfalls der Bearbeitungszeit) ist vorteilhaft. Hierzu bietet sich ein Organisations-Aushang an, wie er auf S. 47 vorgegeben ist,

- um in großen Klassen, die noch wenig Erfahrungen mit derartigen Lernstationen gemacht haben, zunächst einmal den Überblick über das Arbeitsverhalten zu behalten und ein Sicherheit gebendes Moment einzurichten,
- um Schülern und Schülerinnen, die verstärkt Schwierigkeiten in ihrer Arbeits- und Zeiteinteilung zeigen, ein deutliches Moment der Orientierung zu geben,
- um die wenige dem Musikunterricht zur Verfügung stehende Zeit zügig und effektiv zu nutzen,
- um die Schülerinnen und Schüler in Bezug auf spezielle musikalische Inhalte zum „Anbeißen" zu bewegen, ihnen „Aha-Erlebnisse" zu verschaffen, damit sie feststellen können, was alles möglich ist, wo Zusammenhänge bestehen und was – wenn das Interesse erst einmal geweckt ist – später vertieft werden kann.

Offenes Angebot

Die Möglichkeit eines offenen Angebots, bei dem die Stationen entsprechend aufgebaut werden und die Schülerinnen und Schüler frei wählen dürfen, was sie *wann* mit *wem* und mit *welchem Zeitaufwand* bearbeiten wollen, sollte individuell geprüft werden.

Dabei ist besonders die räumliche Organisation zu beachten, damit der selbst bestimmte Aktionsradius einzelner Kinder (oder kurzfristig bestehender Gruppen) übersichtlich bleibt.

Auch sollte überlegt werden, ob alle Stationen (und an den Stationen alle Aufgaben) Pflicht sein sollen. Wenn einige Aufgaben zur Wahl gestellt sind, ist weiter zu überlegen, wie das Verhältnis zwischen ihnen und den Pflichtaufgaben aussehen soll.

In jedem Fall sollte dokumentiert werden, welche Stationen bereits bearbeitet wurden. Hierzu bieten sich Laufzettel oder entsprechende Raster an einer Pinnwand an (als Beispiel S. 48). Ein perfektes System gibt es hierfür nicht. Zwei Aspekte sollten allerdings berücksichtigt werden:

- Das Laufzettel-System muss einfach, übersichtlich und für alle schnell zu überblicken sein.
- Lehrkraft und (Fach-)Klasse sollten sich mit einem System vertraut machen, das auch auf Stationenlernen in anderen Fächern anwendbar ist bzw. von dort bereits bekannt ist.

Das Laufzettel-System bietet zudem die Möglichkeit, für einzelne Schüler und Schülerinnen ein individuelles, differenziertes Aufgabenprofil zu erstellen.

Zum Schluss soll noch ein Sonderfall angesprochen werden: Was, wenn sich alle Schüler und Schülerinnen zum gleichen Zeitpunkt auf *eine* Station stürzen? Einige Anhaltspunkte mögen hilfreich sein:

- In der Regel wird mehr Material gebraucht.
- Möglicherweise muss diese Station mehrmals angeboten werden.
- Die erste zu bearbeitende Station wird jedem Schüler/jeder Schülerin individuell zugewiesen, so dass zumindest der Arbeits*beginn* entzerrt wird.

- In Besprechungen wird erläutert, dass auch andere Stationen einen wichtigen Stellenwert haben und nicht nur „abgehakt" werden dürfen.
- Die Schüler und Schülerinnen werden ermuntert, die *Gesamtheit* des thematischen Anliegens vor Augen zu haben, um nicht nur der Attraktivität einzelner Highlights zu erliegen, (die das Lernen allerdings so angenehm machen …).

Die Lehrkraft sollte das Lernverhalten der Klassenmitglieder schon gut kennen, bevor ein offenes Angebot in großem Umfang organisiert wird. Aus diesem Grunde bietet sich das offene Angebot eher für Lehrer und Lehrerinnen an, die Musik in ihrer eigenen Klasse geben, da in diesem Fall mehr Zeit vorhanden ist, sich und die Schüler und Schülerinnen intensiver mit dieser Lernform vertraut zu machen.

3 Phasen des Unterrichts

Der Lernzirkel ist das Kernstück von *Ohren auf!*. Er wird durch zwei wichtige Phasen ergänzt:

- eine **gemeinsame** Klassenaktion;
- eine **gemeinsame** Zwischenbesprechung.

Auch im Rahmen einer Individualisierung des Unterrichts sollte auf **gemeinsame musikalische Aktionen** der ganzen Klasse auf keinen Fall verzichtet werden. Anregungen hierzu sind im Praxisteil als *Gemeinschaftsaktionen* enthalten.

Zwischenbesprechungen finden – idealtypisch – immer am Ende einer Doppelstunde (und in Einzelstunden jeweils an deren Ende) statt. Für die Zwischenbesprechungen muss genügend Zeit eingeplant werden, besonders, wenn diese Aktionsform den Schülerinnen und Schülern noch nicht so vertraut ist. Hier werden Erfahrungen ausgetauscht, die die Lernenden, aber auch die Lehrkraft, in der vorangegangenen Unterrichtsphase mit dem Lernzirkel gemacht haben. In den Besprechungen ist auch Platz für Veränderungsvorschläge, falls es mit einer Station grundsätzlich Schwierigkeiten geben sollte. Erweiterungsangebote werden gemacht, Probleme und Erfolge (auch mit der Gruppenarbeit) besprochen, Neugier geweckt. Die Einhaltung eines angemessenen Arbeitsgeräuschpegels und Aspekte des eigenverantwortlichen Arbeitens sollten stets zur Sprache kommen. Die Intensität dieser Phase hängt u. a. stark davon ab, wie die Schülerinnen und Schüler der Klasse zueinander stehen, inwieweit sie sich z. B. trauen, ihre – auch gefühlsmäßigen – Äußerungen anderen vorzutragen. Auf diese Art und Weise werden die Kinder aktiv in die Unterrichtsplanung und -gestaltung einbezogen, lernen, ihre eigenen Anliegen und die anderer ernst zu nehmen und erfahren eine Facette demokratischen Handelns.

Einbindung des Stationenzirkels in die Rhythmisierung des Unterrichts

Wenn der Musikunterricht in **Einzelstunden** erteilt wird, müssen die drei o. g. Unterrichtsphasen u. U. anders aufgeteilt werden. Eine praktikable Variante ist:

Stunde 1 = Einführung in die Stationen/erstes Antesten oder „Schnupperrunde"

Stunde 2 = gemeinsame Aktion/erste Stationenrunde bzw. offene Stationenarbeit

Stunde 3 = zweite Stationenrunde bzw. offene Stationenarbeit/Besprechung

Stunde 4 = gemeinsame Aktion/dritte Stationenrunde bzw. offene Stationenarbeit

usw.

Tipps, Tipps, Tipps

Lassen Sie ein Ohr-Heft anlegen: Vorbereitend legen die Schüler und Schülerinnen ein Themenheft („Ohr-Heft"; „Sinne-Heft") an. Bearbeitete Arbeitsblätter, Notizen und eigene Ideen, Arbeitsergebnisse, zusätzlich eingebrachtes Material aus Broschüren u. a. werden hier eingeheftet oder -geklebt, schriftlich festgehalten oder illustriert. Das erleichtert einerseits der Lehrkraft die Übersicht über die Lernaktivität des/der Einzelnen, andererseits kann das Themenheft weiterhin als persönliches Nachschlagewerk genutzt werden.

Versuchsprotokoll: An Station 3 müssen die Schüler/innen einfache Versuchsprotokolle (siehe S. 61) ausfüllen. Es ist möglich, dass die Schülerinnen und Schüler einer Gruppe zusammenarbeiten, aber jede/r ein eigenes Protokoll über die Versuche ausfüllt und im Ohr-Heft dokumentiert. Die „Erkenntnis" sollte zunächst in der Gruppe ausgewertet und später im Klassenverband (Besprechungsrunde) noch einmal aufgegriffen werden.

Wählen Sie aus! Im Hinblick auf Stringenz, Überschaubarkeit und Zeitverhältnis des Unterrichtsprozesses sollte die Lehrkraft bei einigen Stationen (z. B. Nr. 4, 5 und 6) eine Auswahl aus den angebotenen Aufgaben treffen. Hier kann wiederum die Klasse miteinbezogen werden. Vor allem bei Station 4 ist es in der Regel nicht sinnvoll, mehrere Projekte zeitgleich anzubieten.

Abhängig von der getroffenen Auswahl und dem Leistungsstand der Klasse sollten einzelne Stationen, z. B.

das „Rücken-an-Rücken-Musizieren" (Station 6/3) schon einmal ausprobiert worden sein, um einen reibungslosen Unterrichtsablauf zu gewährleisten.

Stimmen die Lernvoraussetzungen? Wenn festgestellt wird, dass eine bestimmte Gruppe ohne ständige Beaufsichtigung andere Lernende permanent stört, sollte überprüft werden, ob die Lernvoraussetzungen für die gewählten Stationen auch wirklich eingeübt worden sind. Dies muss nicht unbedingt im Musikunterricht geschehen. Viele der Voraussetzungen werden in anderen Fächern thematisiert (Experimente z. B. im naturwissenschaftlichen Unterricht; Umgang mit Arbeitsbögen in allen Fächern).

Arbeiten Sie in Gruppen: Wenn nicht anders bezeichnet, werden die Angebote in Gruppen von 3–4 Schüler/innen bearbeitet.

Behalten Sie die Zeit im Blick: Die Stationen sollten in der Vorplanungsphase auf eine angemessene Bearbeitungszeit hin eingeschätzt und abgestimmt werden. Diese Einschätzung muss individuell durch die Lehrer/innen vor Ort erfolgen, da die Parameter Klassenstärke, Leistungsvermögen, Organisationsmöglichkeiten, Lernvoraussetzungen usw. sich von Schule zu Schule mitunter sehr unterschiedlich darstellen.

In der Regel bieten sich zwei Möglichkeiten an:
- Durch binnendifferenzierende Maßnahmen werden Stationen individuell „maßgeschneidert".
- Die Menge zu bewältigender Aufgaben kann individuell gewählt werden, wobei ein entsprechendes Materialangebot vorhanden sein muss.

Entdecken Sie Material: In der Schule ist – teilweise verwaltet von anderen Fächern – viel Material vorhanden, das häufig für den Musikunterricht unentdeckt bleibt: Biologie- und Physikbücher, Versuchskästen, Kassettenrekorder, Anschauungsmodelle, Nachschlagewerke in der Schüler-Bücherei usw. Es muss für dieses Vorhaben nicht unbedingt Neues angeschafft oder hergestellt werden. Wenn ihre Schule kein Oszilloskop besitzt, spüren Sie vielleicht andere interessante Geräte auf, z. B. ein Gerät zur Messung des Lautstärkepegels, eine Lochsirene, … Dieser Aufwand lohnt sich, da a) wenig vorhandene Materialien von allen aktiv und für alle effektiv genutzt werden und b) sich einmal aufbereitete Einheiten über einen längeren Zeitraum und bei wiederholtem Einsatz (Spiralcurriculum; andere Klassenstufen) rentieren.

Aufbauen/Stehenlassen/Wegräumen: Durch dauerndes Verändern der Lernlandschaft leidet der Zustand von Materialien oftmals. Hilfreiche Möglichkeit: Die Materialien für **jede einzelne** Station werden in einer ausreichend großen Kiste komplett verstaut und können so zügig und gezielt aufgebaut werden. Das organisieren die Schülerinnen und Schüler selbstständig. Das Anlegen eines Inhaltsverzeichnisses für die jeweiligen Kisten verhilft zum schnellen Überblick (s. S. 49). Hier soll von den Gruppen auch eingetragen werden, wenn etwas fehlt, aufgefüllt oder ersetzt werden muss. Für aufwendigere Stationen *(Wir stellen etwas her)* sollte eine Ecke/ein Ort gefunden werden, wo das Objekt unbehelligt bis zur nächsten Runde stehen bleiben kann.

Alle in einem Raum? Vielleicht gibt es in der Nähe des Raumes, in dem Sie Musik unterrichten, noch eine Aula, einen Gymnastikraum, einen Materialsammlungsraum, einen Zahnarztraum, ein Fotolabor, einen Verfügungsraum, einen Gruppenraum, einen Kartenraum, eine Bühne, einen langen Flur, eine versteckte Ecke, einen Kellerraum usw.? *Klangskulpturen* lassen sich bei gutem Wetter auch wunderbar draußen (Schulhof, Nebenhof, …) herstellen! Zur besseren Übersicht hängt ein Plan aus, auf dem die Orte der Stationen verzeichnet sind (S. 47).

Die Stationen, die in *einem* Raum stattfinden, können in Bezug auf den Geräuschpegel aufeinander abgestimmt werden. Hierzu ein kurzes Beispiel:

1 = Arbeitsbogen „Weg des Schalls durch das Ohr" (geräuschlos)

2 = Filmdosen-Memory (geringfügiges Schüttelgeräusch)

3 = Stimmgabelexperimente (geräuscharm)

5 = Morsebotschaften in PA: Sch A legt Ohr auf den Tisch / Sch B klopft leise auf Tischplatte (geräuscharm)

Leistungsbewertung

Lehrer: „Und nach diesem tollen Lernzirkel im Musikunterricht schreiben wir dann einen Abschlusstest, der eure Note für diese Einheit festlegt!" – Am Ende also doch wieder der alte Hut?

Auch im Rahmen individualisierten Arbeitens stellt sich die Frage nach der Bewertung schulischer Leistung. *Ohren auf!* nimmt einige Stunden des Musikunterrichts in Anspruch; über diesen Zeitraum brauchen die Schülerinnen und Schüler eine Rückmeldung. Im Sinne eines pädagogischen Verständnisses, das das eigenverantwortliche Lernen von Schülerinnen und Schülern ernst nimmt, wäre es, wenn Schüler/innen und Lehrkraft gemeinsam Bewertungskriterien besprächen und gewichteten. Die Lehrkraft hat zudem während der Arbeitsphasen die Möglichkeit sich unter

die Gruppen zu begeben, ohne einen Leitungsanspruch zu übernehmen, aber zuzuhören und als Berater zur Seite zu stehen. Aus dieser Situation erwächst die Chance einer profilierteren Verhaltensbeobachtung einzelner Schülerinnen und Schüler, die rückgemeldet und gemeinsam ausgewertet werden kann.

Folgende Fragestellungen sind nicht absolut zu verstehen, sondern sollen als Anregungen dienen:

- Wie steht es um die Beteiligung an Gesprächen und Diskussionen (z. B. in der Zwischenbesprechung)?
- Wie aktiv setzt man sich für Problemlösungen ein?
- Wie weit wird die Fähigkeit entwickelt, sich über musikalische Prozesse untereinander zu verständigen?
- Wie sicher werden Unterschiede oder Veränderungen von akustischen Reizen wahrgenommen?
- Wie schnell und in welcher Weise wird auf akustische Signale reagiert?
- Wie einfallsreich und effektiv sind musikalische Umsetzungsprozesse (z. B. grafische Notation, Bilder, Klopfzeichen)?
- Wird dort, wo es der gemeinsame musikalische Prozess erfordert, unterstützendes soziales Verhalten gezeigt (Führen und Sich-Führen-Lassen; Musizieren in der Gruppe)?
- Inwieweit entwickelt sich die Geschicklichkeit im Umgang mit den Instrumenten, beim Versuchsaufbau etc.?
- Werden originelle und individuelle Beiträge zu musikalischen Gestaltungsaufgaben geleistet?
- Wurden im Teilbereich *musikalisches Wissen* notwendige Grundkenntnisse erworben?

Natürlich kann auch ein abschließender Test über die Ohr-Schau geschrieben werden. Er sollte jedoch auf keinen Fall die einzige Quelle der Leistungsbewertung darstellen und schon gar nicht ausschließlich aus Fragen zu Station 1 (Wir informieren uns) zusammengesetzt sein. Inhaltlich muss der Test auf diejenigen Bereiche abgestimmt sein, die von allen Schülerinnen und Schülern bearbeitet worden sind. Auch hier kann und soll die Klasse Mitsprache halten.

Weitere mögliche Quellen einer Bewertung:
- Das angelegte Ohr-Heft (inkl. Versuchsprotokolle usw.)
- Die Selbst-Aufnahmen auf Kassetten
- Die Begutachtung der hergestellten Klangkörper

Die Lernstationen im Überblick

Lernstationen	Angebote	Schwerpunkte	Hinweise
Gemeinschaftsaktionen			
	1 – Meine Lieblingsecke S. 17	Klänge genießen Sich nach Klängen orientieren	Wer unsicher ist, darf die Augen beim Gehen leicht öffnen, den Blick auf den Boden gerichtet. Die Instrumentalisten sollten erst nach dem Augenschließen ihre Instrumente auswählen, um eine vorweggenommene Beeinflussung der Richtung (Schüler/innen gehen evtl. zur Person, nicht zum Klang) zu verringern.
	2 – Roboter S. 17 Material: S. 62	Auf Geräusche reagieren	Mit zwei Richtungen und STOPP beginnen. Erst wenn dies sicher beherrscht wird, sollten weitere Richtungen hinzugenommen werden. Später kann der Weg mit allerlei Hindernissen versehen werden.
	3 – Klang-Irrgarten S. 18 Material: S. 62	Ein Geräusch heraushören Sich auf einen Klang konzentrieren	Bei Unsicherheit muss die Hörmaske nicht aufgesetzt werden. Die Augen dürfen mit Blickrichtung Boden kurz geöffnet werden. Differenzierungsmöglichkeiten im Schwierigkeitsgrad bestehen je nach Auswahl der Instrumente und des verabredeten Signals.
	4 – Spielen mit Klingern S. 18	Klangdauern abwarten und darauf reagieren	Instrumente untereinander mehrfach wechseln, so wird die Aufmerksamkeit stets neu gefordert.
	5 – Suche Partner/in S. 19	Geräusche unterscheiden	Filmdosen werden mit unterschiedlich klingendem Material gefüllt. Jeweils zwei Dosen gleichen sich inhaltlich und bilden ein Paar. Zur Kontrolle sind die Dosen auf ihrem Boden entsprechend als Paare markiert.
	6 – Fang der Dieb S. 19 Material: S. 62	In die richtige Richtung hören Leise Geräusche wahrnehmen	
	7 – Chef/in und Sekretär/in S. 20	Einen Text heraushören Störgeräusche umgehen	Hier darf es bewusst laut zugehen. Die Schülerinnen und Schüler entwickeln schnell Techniken, ihr Diktat voranzubringen (Pausen abwarten, deutlich artikulieren, langsam sprechen usw.). Ebenso schnell registrieren sie, wie anstrengend es ist sich zu konzentrieren zu müssen, wenn alles durcheinander redet! Zunächst sollte mit nur vier Paaren gestartet werden, anschließend kommen weitere hinzu. Die Texte können dem Lesebuch der entsprechenden Klassenstufe, der Tageszeitung, einem Kochbuch usw. entnommen werden.
	8 – Geräuschrätsel S. 20	Situationen durch Geräusche darstellen und erraten	
1 Wir informieren uns			
	1 – Das Ohr S. 21 Material: S. 50/51	Aufbau des Hörapparates	Im Anhang befindet sich ein Arbeitsblatt zum Ausfüllen. Für jede Schülerin/jeden Schüler sollte ein Arbeitsblatt kopiert bereit liegen.

Lernstationen	Angebote	Schwerpunkte	Hinweise
	2 – Wie das Ohr arbeitet S. 21 Material: S. 52/53	Der physiologische Hörvorgang	Im Anhang befindet sich ein Arbeitsblatt zum Ausfüllen. Für jede Schülerin/jeden Schüler sollte ein Arbeitsblatt kopiert bereit liegen.
	3 – Was versteht man unter Schall? S. 22	Schall und Schallwellen	
	4 – Schall ist nicht gleich Schall S. 22	Geräusch – Ton – Knall	Das Oszilloskop ist ein Gerät zum Aufzeichnen und Sichtbarmachen von Schwingungen. Um es an dieser Station einzusetzen, wird noch ein Mikrofon benötigt.
	5 – Wie man Schall misst S. 23	Frequenz	
	6 – Schütze deine Ohren S. 23	Verhaltensweisen zum Schutz des Gehörs	
	7 – Wie man Lautstärke misst S. 24	Verschiedene Lautstärken	
	8 – Der Schall breitet sich aus S. 24	Schallgeschwindigkeit	
2. Wir spielen	1 – Hör-Memory S. 25 Material: S. 54	Geräusche unterscheiden und im Gedächtnis behalten	Die Filmdosen müssen absolut gleich sein in ihrer Beschaffenheit und Füllung, sonst ergeben sich Klangverfälschungen.
	2 – Filmdosen ordnen S. 25	Geräusche unterscheiden und im Gedächtnis behalten	Die Geräusche sollten sich gut voneinander unterscheiden.
	3 – Hör-Stärke S. 26	Geräusche nach Stärkegraden ordnen	Die Dosen können auch von den Kindern selbst gefüllt werden.
	4 – Geräusche erraten S. 26 Material: S. 55	Gegenstände durch ihr Aufprallgeräusch bestimmen	Die Bauanleitung der Wurfkiste befindet sich auf S. 55.
	5 – Hör-Lotto: Blasinstrumente S. 27 Material: S. 56/57 HB 1–9	Instrument und Klang einander zuordnen	Dieses Spiel ist für eine Person gedacht. Ohne Kopfhörer können 2–3 Personen dasselbe Lotto bearbeiten. HB 27 (Cembalo) könnte eine Anregung zu einem Gespräch darüber sein, dass man Musikinstrumente auf unterschiedliche Weise systematisch ordnen kann. So wird z. B. das Cembalo auch als Tasteninstrument bezeichnet.
	6 – Hör-Lotto: Schlaginstrumente S. 27 Material: S. 56/58 HB 10–18	Instrument und Klang/Geräusch einander zuordnen	
	7 – Hör-Lotto: Saiteninstrumente S. 28 Material: S. 56/59 HB 19–27	Instrument und Klang einander zuordnen	

Lernstationen	Angebote	Schwerpunkte	Hinweise
	8 – Hör-Test S. 28 Material: S. 62	Ein Geräusch heraushören Sich auf einen Klang konzentrieren	Schüler/innen der Gruppe müssen zur Gefahren-Absicherung bereit stehen. Neben diesem Vertrauensaspekt wird ebenso die Kompetenz verlangt, sich in eine/n Mitschüler/in hineinzudenken, denn der Schallerzeuger muss so versteckt sein, dass er für eine bestimmte Suchperson auch auffindbar ist.
3. Wir stellen Versuche an			
	1 – Sichtbarmachen von Schwingungen S. 29 Material: S. 61	Schwingungen einer Stimmgabel spüren und sehen	Um den Hygieneaspekt zu beachten, wäre eine ausreichende Anzahl von Stimmgabeln von Vorteil. Zumindest sollte die Möglichkeit einer kurzen Reinigung gegeben sein.
	2 – Sichtbarmachen von Schwingungen S. 29 Material: S. 61	Auswirkungen von Schwingungen einer Stimmgabel auf eine Perle	
	3 – Sichtbarmachen von Schwingungen S. 30 Material: S. 61	Ausschläge einer Schwingung sehen	An einem Arm der Stimmgabel ist eine Schreibfeder angebracht. Mit diesem Gerät muss vorsichtig umgegangen werden.
	4 – Leistungsfähigkeit des Ohres S. 30 Material: S. 62	Leises Sprechen hören und wiedergeben	
	5 – Verstärkung von Schall S. 31 Material: S. 61/63	Wirkung von gebündelten Schallwellen	
	6 – Bündelung von Schallwellen S. 31 Material: S. 61/63	Wirkung von gebündelten Schallwellen	
	7 – Schwingende Luftsäulen erzeugen Töne S. 32 Material: S. 61	Luftsäulen beeinflussen Tonhöhen	Den Arbeitsplatz eventuell vorher mit Zeitungspapier auslegen, zumindest aber Schwamm oder Feuchttuch sowie einen kleinen Eimer für übergelaufenes Wasser bereithalten.
	8 – Schallerzeugung S. 32 Material: S. 61	Schwingungsdauern	Bei diesem Versuch muss sich die Gruppe in Bezug auf die Zeitnahme gut absprechen. Bevor also Protokoll geführt wird, sollte zunächst einmal der Ablauf sicher geübt werden. Ein Problem ergibt sich eventuell aus der unterschiedlichen Anschlagsstärke. Wie damit während des Versuchs umgegangen werden soll und welche Einflussnahme die Anschlagsstärke ausübt, sollte von der Gruppe selbst diskutiert und mit eigenen Worten formuliert werden. Der Versuch kann mit Saiteninstrumenten wiederholt werden.

Lernstationen	Angebote	Schwerpunkte	Hinweise
4. Wir stellen etwas her			
	1 – Die Klangstraße S. 33	Geräusche und Klänge genießen Ungewöhnliche Schallerzeuger	Für eine Klangstraße bietet sich ein langer Flur an. Anregungen aus anderen Stationen des Zirkels können übernommen werden. Entscheidend ist, dass die Ideen zur Klangstraße nicht vorgegeben sind, sondern von der Klasse entwickelt werden. Dabei sind nicht sie selbst es, die die Klangstraße nutzen. **Die Klangstraße wird für Schülerinnen und Schüler anderer Klassen und Klassenstufen hergestellt!** Der Lernzuwachs beim Entwickeln einer Klangstraße ergibt sich daraus, dass diese für andere konzipiert wird. Die Lerngruppe ist gehalten, sich in andere Personen hinein zu denken, probeweise deren Rolle zu übernehmen und danach über Hör-Stationen und entsprechend zu verwendendem Material zu entscheiden.
	2 – Die Klangstraßenmeisterei S. 33	Ungewöhnliche Schallerzeuger entwickeln	Angebot 1 ist dabei in Bezug auf das „Publikum" ein Angebot zum Genießen, Angebot 2 eines zum eigenen Ausprobieren. Nebeneffekt: Nicht nur Freude am eigenen Konstruieren haben, sondern auch anderen eine (unterhaltsame) Überraschung bereiten. Damit verlässt der Unterricht seine organisatorische Begrenztheit und bezieht kleine Ansätze zu einem integrativen Schulleben mit ein.
	3 – Das Klangmulti S. 34	Ungewöhnliche Schallerzeuger entwickeln	Während des Entstehungsprozesses kann die äußere Form (nicht der Papp-Kern) laufend umgebaut und verändert werden.
	4 – Das musikalische Fahrrad S. 34	Ungewöhnliche Schallerzeuger entwickeln	Das musikalische Fahrrad ist eine herausfordernde Alternative für einfallsreiche Köpfe. Ein altes, nicht mehr gebrauchsfähiges Rad erhält man z. B. durch eine private Spende, die schuleigene Fahrradwerkstatt, einen Fahrradladen, das Fundbüro der Stadt .... Vorteilhaft ist ein Doppelständer. Die Kette sollte trocken, d. h. nicht mehr mit Öl versehen sein.
	5 – Die Instrumentenwerkstatt S. 35	Ungewöhnliche Schallerzeuger entwickeln	Für alle drei Projekte sollte später eine Komposition entworfen werden. Das geht bei dem Schrott-Orchester auch in Kleingruppen. Beim Arbeiten mit kleinem Werkzeug und Alltagsmaterial sollten die Schüler unbedingt angewiesen werden vorsichtig zu sein. Empfehlenswerte Literatur: Alfred Engelskirchen/ELSE: Klang- und Musikinstrumente-Kartei. 2 Bde. Bremen: Verlag Moderne Pädagogik o. J. Ulrich Martini: Musikinstrumente – erfinden, bauen, spielen. Stuttgart: Klett 1980
	6 – Die Sound-Bibliothek S. 35 HB 28–32	Geräusche des Alltags isolieren	Selbst bei einem Experiment in der Schule lassen sich für die Aufnahme unerwünschte Nebengeräusche nicht immer ausschalten: Den Kindern sollte bewusst werden, in welchem Maße wir ständig von einem uns bereits gewohnten Geräuschpegel umgeben sind. Verlassen die Schülerinnen und Schüler das Schulgelände, muss auf die Beachtung der Verkehrsregeln hingewiesen werden. Die Hörbeispiele verdeutlichen, wie die Ergebnisse der Schüler/innen sich anhören könnten.

Lernstationen	Angebote	Schwerpunkte	Hinweise
	7 – Der Sound eurer Stadt S. 36 HB 33–37	Geräusche des Alltags isolieren	Als sehr effektiv erweist sich das Arbeiten mit Minidisc-Rekordern. Steht diese Technik nicht zur Verfügung, werden analoge Kassettenrekorder eingesetzt. Um Aufnahmen von guter Qualität zu erzielen, sollte die Gruppe u. U. mehrere Aufnahmevarianten ausprobieren und gleichzeitig ein Inhaltsverzeichnis der Kassette anlegen, um entsprechende Aufnahmen schneller auffinden zu können. Die Hörbeispiele verdeutlichen, wie die Ergebnisse der Schüler/innen anhören könnten.
	8 – Das Hörspiel S. 36 HB 38	Situationen durch Geräusche darstellen und erraten	Die Hörbeispiele verdeutlichen, wie die Ergebnisse der Schüler/innen sich anhören könnten.
5. Wir drücken uns aus			
	1 – Geräusch-Code S. 37 Material: S. 55	Botschaften übermitteln	Viele Geräusche übermitteln Botschaften, die wir zu interpretieren gelernt haben (z. B. das Klingeln des Telefons). Ein Geräusch kann eine Information übermitteln oder eine Assoziation in uns auslösen. Die Bauanleitung der Wurfkiste befindet sich im Anhang.
	2 – Schnur-Telefon S. 37	Botschaften übermitteln	
	3 – Telegraphisches Alphabet S. 38	Botschaften übermitteln	
	4 – Text: Die Aussage S. 38 Material: S. 64	Botschaften übermitteln	Der Text „Die Aussage" von Günther Weisenborn unterstreicht als Schnittpunkt zum Literaturunterricht die Bedeutung, die Klänge haben können. Der Text soll in Ruhe gelesen, die kommunikative Leistung erkannt und nachvollzogen werden, auch wenn dies nur der vordergründige Anlass ist, im Unterricht (und auch im Musikunterricht) einmal mehr vertiefend über Mensch und (Un-)Menschlichkeit ins Gespräch zu kommen.
	5 – Text: Der Indianer und der weiße Mann S. 39 Material: S. 65	Geräusche des Alltags identifizieren	
	6 – Klang-Bild S. 39	Musik in ein Bild umsetzen	Um eine persönliche Anbindung an das Musikstück und damit an ihr Lernen zu bekommen, sollten es die Kinder selbst bestimmen.
	7 – Klang-Spuren S. 40	Musik in ein Bild umsetzen	Die Lehrkraft kann aber auch aus einer Vorgabe von 3–5 Musikstücken eines auswählen lassen. Die Stücke sollten aus unterschiedlichen musikalischen Genres kommen.
	8 – Ich kann dich nicht hören! S. 40	Verständigungswege suchen	Fragen Sie einen Ohrenarzt, einen Hörgeräteakustiker oder die Krankenkasse, ob diese Ihr Unterrichtsvorhaben finanziell oder materiell unterstützen. Möglicherweise hilft Ihnen bei der Besorgung von entsprechendem Gehörschutz auch Ihr Gemeindeunfallverband oder ein bekannter Bauunternehmer weiter.

Lernstationen	Angebote	Schwerpunkte	Hinweise
6. Wir machen Musik			
	1 – Klangpartitur S. 41 Material: S. 66–69 HB 39/40	Zeichen in Musik umsetzen	Haben die Schüler/innen an Station 4 Instrumente aus Alltagsmateria-lien gebaut, können diese an Station 6 zum Einsatz kommen. Besonders bieten sich dafür die Angebote 1, 2 und 4 an.
	2 – Klang-Komposition S. 41	Zeichen in Musik umsetzen	
	3 – Rücken an Rücken S. 42 HB 41	Klänge unterscheiden und darauf reagieren	
	4 – Die Zwitschermaschine S. 42	Ein Bild in Musik umsetzen	Das Bild „Die Zwitschermaschine" von Paul Klee finden Sie in der ein-schlägigen Literatur, z. B. in: KUNST! Das 20. Jahrhundert. Hrsg. v. Jür-gen Tesch u. Eckhard Hollmann. München: Prestel 1997. Partsch, Susanna: Paul Klee. Köln: Benedikt Taschen 1999.
	5 – Musikalisches Gespräch S. 43 HB 42	Aufeinander eingehen	
	6 – Einen Klangteppich weben S. 43 HB 43	Aufeinander eingehen	
	7 – Dirigent/in und Orchester S. 44	Auf Zeichen reagieren	Die Hörbeispiele verdeutlichen, wie die Ergebnisse der Schüler/innen sich anhören könnten.
	8 – Wer hört, muss fühlen S. 44 Material: S. 62 HB 44	Klänge unterscheiden und darauf reagieren	HB 40 liegt dieselbe Klangpartitur wie HB 39 zugrunde; lediglich die Reihenfolge der Karten wurde geändert.

2. Die Lern-stationen

Klasse	Gemeinschaftsaktion 1
Material: **4 verschiedene Instrumente** (z. B. Triangel, Trommel, Claves, Klangstab) **evtl.** **1 Instrument für Spielleiter/in** (z. B. Becken)	**Meine Lieblingsecke** Vier Gruppenmitglieder stehen mit Klänge oder Geräusche erzeugenden Instrumenten wartend in je einer Raumecke. Alle anderen Gruppenmitglieder gehen mit geschlossenen Augen frei im Raum umher und bleiben auf ein verabredetes Zeichen, z. B. einen Beckenschlag, stehen. Aus jeder Ecke erklingen nun lockende „Signale" auf den vier Instrumenten. Jedes Gruppenmitglied bewegt sich auf das akustische Angebot zu, das seiner momentanen Befindlichkeit am meisten entspricht. Man darf gespannt sein, wer sich mit wem in welcher „Lieblingsecke" trifft.

Klasse	Gemeinschaftsaktion 2
Material: **4 verschiedene Instrumente** (z. B. Triangel, Trommel, Blockflöte, Klangstab) **eine Hupe** **Hörmaske** S. 62	**Roboter** Einem Mitglied der Lerngruppe werden die Augen verbunden. Er/sie ist ein Roboter, der nur auf akustische Signale reagiert. Vier Instrumente geben jeweils die Bewegungsrichtungen an, z. B.: 1. Handtrommel = vorwärts 2. Triangel = rückwärts 3. Blockflöte = rechts 4. Klangstab = links 5. Hupe = STOPP! Fünf Schüler/innen bedienen je ein „Richtungs"-Instrument und leiten so den (blinden) Roboter zu einem vorher festgelegten Ziel. Jeder Richtungsgeber entscheidet selbstverantwortlich, wann eine Richtungsänderung notwendig wird, d. h., wann sein Einsatz kommt.

Klasse	Gemeinschaftsaktion 3
Material: **Schallerzeuger** (mindestens so viele wie Gruppen-mitglieder) **Hörmaske** S. 62	**Klang-Irrgarten** Ein Gruppenmitglied geht mit verbundenen Augen einem verabrede-ten Signal entgegen (Geräusch, Klang, melodisches Motiv, Rhythmus, bestimmtes Instrument …). Dieses Ziel soll trotz eines intensiven zu-sätzlichen Klang- und Geräuschfeldes, das durch andere Mitspieler/in-nen erzeugt wird, gefunden werden. Der Irrgarten kann stehen oder sich bewegen.

Klasse	Gemeinschaftsaktion 4
Material: **(Klingende) Instrumente** (in Anzahl der Klassenstärke)	**Spielen mit Klingern** Ein Sitzkreis wird gebildet. Jedes Gruppenmitglied erhält einen Klinger (z. B. Klangstab). Zu Beginn wird ein Ton erzeugt, der „im Kreis weiter gereicht" werden soll; der nächste Ton wird erst angeschlagen, wenn der vorige gerade ausgeklungen ist (Geduld, Ruhe und Abwarten!). Die Teilnehmer/innen nehmen aufeinander Bezug im Sinne von „ein Gespräch führen" (ausreden lassen und genau zuhören). **Variante:** Alle Gruppenmitglieder erhalten unterschiedlich lang klin-gende Instrumente. Durch die unterschiedliche Dauer der Klänge kann sich niemand auf ein gleich bleibendes Metrum verlassen, son-dern muss sehr genau zuhören. So ist es z. B. möglich, dass eine Teil-nehmerin sehr lange warten muss, bis sie ihr Instrument anschlagen darf, da ihr Vorgänger ein Hängendes Becken angeschlagen hatte, ein anderer muss schneller reagieren, da zuvor eine Fingercymbel ange-schlagen wurde.

Klasse	Gemeinschaftsaktion 5
Material: **Filmdosen, gefüllt mit unterschied- lichen Materialien**	**Suche Partner/in** Die Filmdosen sind mit unterschiedlich klingendem Material gefüllt. Jeweils zwei Dosen gleichen sich inhaltlich und bilden ein Memory-Paar. Jedes Klassenmitglied nimmt sich eine Dose und geht durch den Raum. Durch das Schütteln der Dosen und Vergleichen mit anderen muss der zur eigenen Dose gehörende Partner gefunden werden.

Klasse	Gemeinschaftsaktion 6
Material: **Hörmaske** S. 62 **Schlüsselbund oder Glocken-/ Schellenkranz**	**Fang den Dieb** Die Kinder sitzen im Stuhlkreis. In der Mitte sitzt ein Kind mit verbundenen Augen. Unter seinem Stuhl befindet sich z. B. ein Schlüsselbund als Schatz. Ein anderes Kind nähert sich so leise wie möglich dem Stuhl und versucht den Schatz zu entwenden. Hört der Besitzer des Schatzes die Bewegung des Diebes und zeigt in die entsprechende Richtung, ist der Dieb gefangen. Wird die Richtung nicht richtig angegeben, darf der Dieb weitermachen.

Klasse	Gemeinschaftsaktion 7
Material: **Texte** **Schreibmaterial**	**Chef/in und Sekretär/in** Die Schüler/innen bilden jeweils Paare, von denen einer Chef/in, der andere Sekretär/in ist. Die Chefs/Chefinnen erhalten unterschiedliche Texte, die sie ihren Sekretärinnen/Sekretären diktieren müssen. Die Partner/innen stehen sich dabei an den Wänden des Raumes gegenüber, wobei die Diktierenden hinter dem/der Schreibenden eines anderen Paares stehen. Alle diktieren auf ein Zeichen gleichzeitig ihre Texte (mit Absätzen und Satzzeichen) bzw. schreiben. Schluss ist, wenn die erste Gruppe fertig ist. *A = Chefin, a = Sekretär/B = Chef, b = Sekretärin usw.*

Klasse	Gemeinschaftsaktion 8
Material: ―――――――	**Geräuschrätsel** Es werden zwei Gruppen gebildet. Beide bekommen den Auftrag, durch Geräusche eine Situation oder eine kleine Geschichte darzustellen. Natürlich darf keine Gruppe das Vorhaben der anderen kennen. Nach einer kurzen Vorbereitungszeit spielt jede Gruppe ihre Geschichte/Situation vor. Es sind alle Geräusche erlaubt außer sprechen; also pfeifen, singen, quietschen, lachen, grölen usw. Die anderen sollen erraten um was es sich handelt.

Quelle: Josef Griesbek: Spiele für Gruppen. 9. Aufl. München: Don Bosco Verlag 1987. S. 118 (Sozialspiele)

Station 1	Wir informieren uns 1
Material: **Ohrmodell** **Arbeitsbogen 1** S. 50/51 **evtl.** **Biologiebuch**	**Das Ohr** 1. Ohrmuschel, 2. äußerer Gehörgang, 3. Trommelfell, 4. Ohrspeicheldrüse, 5. Amboss, 6. Hammer, 7. Paukenhöhle, 8. Steigbügel, 9. Eustachische Röhre, 10. Schnecke, 11. Bogengänge, 12. Gleichgewichtsnerv, 13. Gehörnerv Trage die richtigen Nummern in die Kreise auf dem Arbeitsbogen ein.

Station 1	Wir informieren uns 2
Material: **Ohrmodell** **Arbeitsbogen 2** S. 52/53	**Wie das Ohr arbeitet** Viele Töne und Geräusche dringen an unser Ohr. Es sind Schwingungen, die sich durch die Luft ausbreiten. Unsere **Ohrmuscheln** fangen diese Schwingungen auf. Sie kommen in den **Gehörgang** und treffen auf das **Trommelfell**. Das ist ein gespanntes Häutchen. Es fängt durch die Töne und Geräusche selbst zu schwingen an. Über die **Gehörknöchelchen** werden die Schwingungen in das innere Ohr geleitet. Die Gehörknöchelchen heißen *Hammer, Amboss* und *Steigbügel*, weil sie wie diese Gegenstände geformt sind. Im inneren Ohr liegen in der **Schnecke** die empfindlichen **Gehörnerven**. Wenn die Schwingungen dort angekommen sind, können wir sie hören. Blitzschnell werden sie an unser Gehirn weitergeleitet. Trage die entsprechenden Begriffe in die Lücken auf dem Arbeitsbogen ein.

Station 1	Wir informieren uns 3
Material: **verschiedene Nachschlage-werke**	## Was versteht man unter Schall? Alles was wir hören, nennen wir **Schall**. Schall entsteht durch Schwingungen von Körpern. Er setzt sich in so genannten **Schallwellen** fort. Das Ohr nimmt diese akustischen Signale auf. **Schallquellen** sind zum Beispiel der menschliche Stimmapparat, Lautsprecher und Musikinstrumente. Schlage in Lexika unter dem Stichwort „Schall" nach. Schreibe Wörter, in denen der Wortbaustein „Schall" enthalten ist heraus und erkläre die Bedeutungen.

Station 1	Wir informieren uns 4
Material: **Oszilloskop**	## Schall ist nicht gleich Schall Motorenlärm und Blätterrauschen sind **Geräusche**. Die Schwingungen sind ungleichmäßig (unperiodisch). Die Stimmgabel oder ein Instrument erzeugen **Töne**. Im physikalischen Sprachgebrauch gilt eine gleichmäßige Schwingung (Sinusschwingung) als Ton. Beim Abfeuern einer Startpistole hört man einen **Knall**. Man bezeichnet damit eine kurze kräftige Schwingung. Zeichne die verschiedenen Schwingungen auf, finde eigene Beispiele für die Unterscheidungen von Schall. Überprüfe deine Eintragungen mit dem Oszilloskop.

Station 1	Wir informieren uns 5
Material: **Physikbuch** **Nachschlagewerk**	**Wie man Schall misst** Frequenz = Anzahl der Schwingungen pro Minute Die Häufigkeit, mit der sich ein Vorgang stets von neuem wiederholt, nennt man **Frequenz**. Je höher die Schwingungsfrequenz einer Schallquelle ist, desto höher ist der Ton. Die Maßeinheit für die Messungsergebnisse lautet: **Hertz** (Hz) 1 Schwingung in 1 Sekunde = 1 Hz 30 Schwingungen in 1 Sekunde = 30 Hz Schlage in Büchern unter dem Stichwort „Hertz" und „Frequenz" nach.

Station 1	Wir informieren uns 6
Material: **Stifte** **Papier**	**Schütze deine Ohren** Das Trommelfell ist sehr dünn. Es kann schnell einreißen. a) Niemals mit einem spitzen Gegenstand im Ohr bohren. b) Nicht auf das Ohr schlagen. c) Vermeide lautes Schreien oder einen Knall am Ohr. d) Bei Kälte und Wind eine Mütze aufsetzen, denn sonst bekommst du leicht Ohrenschmerzen oder eine Mittelohrentzündung. 　 Nach dem Schwimmen Ohren trocknen. e) Bei einer Ohrenerkrankung nicht tauchen. Da dein Gleichgewichts-organ im Ohr sitzt, kannst du dich mit kranken Ohren unter Wasser nicht mehr orientieren. f) Zu viel Lärm schadet dem Gehör. **Einmal geschädigte Hörzellen erholen sich nicht mehr und sind für immer kaputt.** Zeichne zu jedem Punkt ein kleines Bild, welches die Aussage unter-stützt.

Station 1	**Wir informieren uns 7**
Material: _____	## Wie man Lautstärke misst Wir können nicht nur die Tonhöhe messen, sondern auch die Lautstärke (Intensität) des Schalls. Der vom Ohr wahrgenommene Laut ist ein Schall, der einen gewissen Druck erzeugt. Je höher der Schalldruck, desto größer die Lautstärke, die in **Dezibel** (dB) gemessen wird. *Beispiele:* Hörschwelle 0 dB Blätterrauschen 0– 40 dB Ticken einer Uhr 20– 30 dB normale Unterhaltung 50– 60 dB Straßenverkehr 70– 90 dB Bohrmaschine 100 dB Diskothek 100–110 dB Düsenflugzeug 110–130 dB Lies die Karte aufmerksam durch.

Station 1	**Wir informieren uns 8**
Material: _____	## Der Schall breitet sich aus Wir können die Ausbreitungsgeschwindigkeit der Schallwellen messen. Es ist die so genannte **Schallgeschwindigkeit**. In verschiedenen Medien breitet sich der Schall unterschiedlich schnell aus. in Luft: ca. 340 m in 1 Sekunde in Wasser: ca. 1480 m in 1 Sekunde in Eisen: ca. 5000 m in 1 Sekunde Lies die Karte aufmerksam durch.

Station 2	Wir spielen 1
2–4 Spieler/innen	**Hör-Memory**
Material: **Spielplan** S. 54 **Filmdosen, gefüllt mit unterschied- lichen Materialien**	Ihr kennt bestimmt das Memory-Spiel. In diesem Fall sind Filmdosen mit unterschiedlich klingendem Material gefüllt. Jeweils zwei Dosen gleichen sich inhaltlich und bilden ein Memory-Paar. Wählt eine Anzahl von Memory-Paaren aus und stellt diese auf das Feld. Findet nun die Paare durch Schütteln der Dosen heraus. Das Spiel wird umso schwieriger, je mehr Paare auf dem Feld aufgebaut werden. Kontrollmöglichkeit: Auf dem Boden der Filmdosen sind die zusammen gehörenden Paare mit dem gleichen Zeichen markiert.

Station 2	Wir spielen 2
1 Spieler/in	**Filmdosen ordnen**
Material: **Filmdosen, gefüllt mit unterschied- lichen Materialien**	Du kennst sicher das Memory-Spiel. Das kannst du auch allein spielen. Die Filmdosen sind mit unterschiedlich klingendem Material gefüllt. Jeweils zwei Dosen gleichen sich inhaltlich und bilden ein Paar. Ordne die Filmdosen paarweise nach gleichem Geräusch. Das Spiel wird umso schwieriger, je mehr Paare du auswählst. Kontrollmöglichkeit: Auf dem Boden der Filmdosen sind die zusammen gehörenden Paare mit dem gleichen Zeichen markiert.

Station 2	Wir spielen 3
2 Spieler/innen	**Hör-Stärke**
Material: **Filmdosen, gefüllt mit unterschied-lichen Materialien**	Ihr benötigt für dieses Spiel nur einen einfachen Satz Filmdosen, welche mit unterschiedlich klingendem Material gefüllt sind. Wählt eine Anzahl von Filmdosen aus und stellt diese vor euch auf den Tisch. Ordnet die Dosen nach Stärkegraden: **leises Geräusch, starkes Geräusch.** Tipp: Schließt beim Hören die Augen. Das Spiel wird umso schwieriger, je mehr Filmdosen aufgebaut werden. Kontrollmöglichkeit für einen einfachen Satz Filmdosen: Die Filmdosen sind auf dem Boden markiert. Wählt nur Dosen mit verschiedenen Zeichen!

Station 2	Wir spielen 4
2 Spieler/innen	**Geräusche erraten**
Material: **Wurfkiste** S. 55 **paarweise Gegenstände**	Setzt euch einander gegenüber und stellt die Wurfkiste zwischen euch. Jede/r von euch hat die gleiche Anzahl von gleichen Gegenständen vor sich liegen (Büroklammer, Holzbleistift usw.). Einer wirft einen Gegenstand in die Wurfkiste, der andere muss nun anhand des Aufschlaggeräusches erkennen, um welchen Gegenstand es sich handelt. Hat er ihn erraten, wirft er seinen gleichen Gegenstand hinterher. Ihr könnt so viele Gegenstände auswählen, wie ihr wollt. Jeder Gegenstand muss jedoch paarweise vorhanden sein und außerdem durch das Loch der Wurfkiste passen!

Station 2	Wir spielen 5
1–2 Spieler/innen	**Hör-Lotto: Blasinstrumente**
	Starte die Kassette. Nimm die erste Instrumentenkarte und lege diese auf das Feld mit der Abbildung des Instruments, das du gerade hörst.
Material:	Reihenfolge der Instrumente:
Hör-Lotto Blasinstrumente (Spielplan, Einzelkarten, Audio-Kassette, Kassettenrekorder, evtl. Kopfhörer) S. 56/57	1. Klarinette 2. Fagott 3. Querflöte 4. Blockflöte 5. Sopran-Saxophon 6. Tenor-Saxophon 7. Trompete 8. Horn 9. Posaune
HB 1–9	
	Selbstkontrolle: Stimmen die Sternchen (*) beim Anlegen der Bild- und Namenkärtchen überein, war die Entscheidung richtig.

Station 2	Wir spielen 6
1–2 Spieler/innen	**Hör-Lotto: Schlaginstrumente**
	Starte die Kassette. Nimm die erste Instrumentenkarte und lege diese auf das Feld mit der Abbildung des Instruments, das du gerade hörst.
Material:	Reihenfolge der Instrumente:
Hör-Lotto Schlag- instrumente (Spielplan, Einzelkarten, Audio-Kassette, Kassettenrekorder, evtl. Kopfhörer) S. 56/58	1. Congas 2. Bongos 3. Claves 4. Triangel 5. Agogo 6. Marimba 7. Vibraphon 8. Pauken 9. Drumset
HB 19–27	
	Selbstkontrolle: Stimmen die Sternchen (*) beim Anlegen der Bild- und Namenkärtchen überein, war die Entscheidung richtig.

Station 2	Wir spielen 7
1–2 Spieler/innen	**Hör-Lotto: Saiteninstrumente**
	Starte die Kassette. Nimm die erste Instrumentenkarte und lege diese auf das Feld mit der Abbildung des Instruments, das du gerade hörst.
Material:	Reihenfolge der Instrumente:
Hör-Lotto Saiten- instrumente (Spielplan, Einzelkarten, Audio-Kassette, Kassettenrekorder, evtl. Kopfhörer) S. 56/59 HB 19–27	1. Violine 2. Viola 3. Violoncello 4. Kontrabass 5. Gitarre 6. E-Gitarre 7. E-Bass 8. Mandoline 9. Cembalo
	Selbstkontrolle: Stimmen die Sternchen (*) beim Anlegen der Bild- und Namen- kärtchen überein, war die Entscheidung richtig.

Station 2	Wir spielen 8
ab 2 Spieler/innen	**Hör-Test**
	Wie gut ist euer Gehör? Traut ihr euch zu, während der momentanen Geräuschkulisse einen bestimmten Schallerzeuger zu finden? Einigt euch auf einen Schallerzeuger, z. B. einen Wecker, der vernehmbar tickt. Eine Spielerin setzt sich die Hörmaske auf. Ein weiterer Spieler versteckt den Wecker im Raum. Während dieses Spiels ist die Klasse weiterhin aktiv! Weitere Spieler/innen der Gruppe achten darauf, dass die Suchperson gefahrlos gehen kann.
Material: **Hörmaske** S. 62 **Wecker / Spieluhr**	Mit verbundenen Augen soll dieser Wecker nun aufgespürt werden. **Variante für Profis:** Findet ihr eine Spieluhr, bevor deren Melodie abgelaufen ist?

Station 3	Wir stellen Versuche an 1
Material: **Schale mit Wasser** **Stimmgabel** **Versuchs-protokoll** S. 61	## Sichtbarmachen von Schwingungen a) Schlage die Stimmgabel an, halte sie vorsichtig an deine Lippen. b) Schlage die Stimmgabel an, halte sie vorsichtig an die Wasserober-fläche. Was beobachtest du? Fülle das Versuchsprotokoll aus. a) b)

Station 3	Wir stellen Versuche an 2
Material: **Bindfaden Holzperle** **Stimmgabel** (möglichst in einer Halterung) **Schlägel** **Versuchs-protokoll** S. 61	## Sichtbarmachen von Schwingungen Befestige eine kleine Holzperle an einem Bindfaden. Halte die frei schwingende Holzkugel gegen die Stimmgabel und in die Stimmgabel. Schlage die Stimmgabel mit einem Schlägel oder einem anderen Gegenstand an. Was beobachtest du? Fülle das Versuchsprotokoll aus. a) b)

Station 3	Wir stellen Versuche an 3
Material: **Stimmgabel** **Glasplatte** **Kerze** **Streichhölzer** **Versuchs-protokoll** S. 61	## Sichtbarmachen von Schwingungen Zünde die Kerze an und halte sie unter die Glasplatte. Es bildet sich ein schwarzer Rußfilm auf dem Glas. Schlage die Stimmgabel an. Lasse sie schnell und gleichmäßig über die berußte Glasplatte gleiten. Mit etwas Übung und einer ruhigen Hand kannst du ein Schwingungsbild erkennen. Was beobachtest du? Fülle das Versuchsprotokoll aus.

Station 3	Wir stellen Versuche an 4
Material: **Hörmaske** S. 62 **Schreibutensilien**	## Leistungsfähigkeit des Ohres Stelle eine Versuchsperson mit verbundenen Augen etwa 8 m weit von dir auf. Nenne in Flüstersprache verschiedene Zahlen. Lasse sie wiederholen. Notiere das Ergebnis. Wiederhole denselben Versuch aus verschiedenen Entfernungen und mit verschiedenen Personen. Stellt die Ergebnisse in einer Tabelle zusammen und wertet sie aus.

Station 3	Wir stellen Versuche an 5
Material: **Flüstertüte** S. 63 **Versuchs- protokoll** S. 61	**Verstärkung von Schall** **Die „Flüstertüte"** Eine „Flüstertüte" wird benutzt um eine Schallquelle (z. B. die Stimme) zu verstärken. Die Schallwellen breiten sich unter normalen Bedingungen gleich-mäßig in alle Richtungen aus. Eine Flüstertüte bündelt die Schall-wellen jedoch und sendet diese nur in **eine bestimmte** Richtung. Die Lautstärke des Schalls nimmt entsprechend zu. Wiederhole den Versuch 4 mit einer Flüstertüte. Ergänze die Tabelle von Versuch Nr. 4

Station 3	Wir stellen Versuche an 6
Material: **Wecker oder andere Geräuschquelle** **Flüstertüte** S. 63 **Versuchs- protokoll** S. 61	**Bündelung von Schallwellen** Eine Flüstertüte kann auch als Geräuschesammler dienen. Wenn man das schmale Ende der Flüstertüte an sein Ohr hält und die große Öffnung in die Richtung zeigt, aus der man etwas hören möchte, kann man mehr Geräusche auffangen, als es allein durch die Ohr-muschel möglich wäre. Stelle einen Wecker oder eine andere Geräuschquelle in einiger Entfernung von dir auf. Was hörst du? Nimm nun die Flüstertüte an dein Ohr und halte die große Öffnung in die Richtung, aus der du etwas hören möchtest. Fülle das Versuchsprotokoll aus.

Station 3	Wir stellen Versuche an 7
Material: **Reagenzgläser im Ständer** **Wasser** **Versuchsprotokoll** S. 61	**Schwingende Luftsäulen erzeugen Töne** Fülle Reagenzgläser verschieden hoch mit Wasser und blase gegen den Rand des Glases. Stimme die Tonhöhen so gut es geht ab um eine kleine Melodie spielen zu können. Fülle das Versuchsprotokoll aus.

Station 3	Wir stellen Versuche an 8
Material: **Stoppuhr** **Instrumente** (z. B. Metallophon, Glockenspiel, Becken, Pauke, Triangel, Woodblock) **Versuchsprotokoll** S. 61	**Schallerzeugung** Suche verschiedene Instrumente zusammen. Bringe das Instrument zum Klingen und stoppe die Dauer des Klanges mit einer Stoppuhr. Mit Musikinstrumenten wird der Schall auf verschiedenartige Weise erzeugt. Du kannst ein Instrument z. B. anschlagen und dadurch in Schwingung versetzen. Vergleiche die Schalldauer verschiedener Instrumente miteinander, die du anschlagen kannst. Fülle das Versuchsprotokoll aus.

Station 4	Wir stellen etwas her 1
Material: **Alltagsgegenstände aller Art und Menge** **evtl. kleines Werkzeug**	**Die Klangstraße** Eine Klangstraße ist eine besondere Straße. Auf ihr fahren keine Autos und auch die Augen sollten geschlossen bleiben, wenn man auf ihr entlang geht. Wer dies tut, kann überraschende Geräusche und Klänge genießen. In bestimmten Abständen gibt es nämlich etwas zu hören. Statt Bäumen säumen Hör-Stationen den Weg: ● Flaschen, die mit Wasser gefüllt sind und unterschiedliche Tonhöhen erzeugen; ● „Ein-Ding-Instrumente" (Papiertüten verschiedener Größe, Schlüssel usw.), die unterschiedlich laut rascheln oder klingeln; ● Windharfen bzw. Windglockenspiele; ● … Entwickelt selbst weitere Ideen zu einer Klangstraße.

Station 4	Wir stellen etwas her 2
Material: **Alltagsgegenstände aller Art und Menge** **evtl. kleines Werkzeug**	**Die Klangstraßenmeisterei** Eine Klangstraße ist eine besondere Straße, denn auf ihr fahren keine Autos. Und fertig ist sie auch noch nicht. In bestimmten Abständen sind Klang-Baustellen eingerichtet, an denen Schülerinnen und Schüler verschiedene Angebote zum Thema Schallerzeugung/Klang ausprobieren oder auf sich wirken lassen können: ● Flaschen verschiedener Größe sollen mittels Wasserfüllung alle in etwa gleich gestimmt werden; ● Flaschen sollen mit Wasser gefüllt werden und unterschiedliche Tonhöhen erzeugen, so dass anschließend ein Lied oder ein Liedanfang darauf gespielt werden kann; ● Mit „Ein-Ding-Instrumenten" (Papiertüten verschiedener Größen, Schlüssel usw.) soll klanglich experimentiert werden; ● eine Knalltüte soll gefaltet werden; ● … Entwickelt selbst weitere Ideen für solche Klang-Baustellen.

Station 4	Wir stellen etwas her 3
Material: **Alltagsgegen-stände aller Art und Menge** **Draht** **Zwirn** **Klebematerial** **kleines Werkzeug**	**Das Klangmulti** Entwickelt und baut ein Klangmulti. Das ist ein ziemlich verrücktes Musikinstrument, in dem eigentlich alle anderen Instrumente, die es gibt, enthalten sind: gezupfte Saiten, geblasene Flaschen, Luftballons und Fahrradhupen. Wenn das Klangmulti fertig ist, wird damit Musik gemacht. Das Klangmulti ist ein großes Selbstbau-Instrument. Viele kleine, so genannte „Umwelt-Instrumente" sollen darin Platz finden. Als Stabili-sationskern nehmt ihr am besten große, feste Pappkartons, Styropor-Verpackungen o. Ä. Diese werden gestapelt, bis die endgültige Form feststeht. Dann klebt ihr den Turm mit braunem Klebeband fest zu-sammen. Bestückt das Klangmulti mit einer Vielzahl von selbst erdachten Instrumenten und Materialien zur Klangerzeugung.

Station 4	Wir stellen etwas her 4
Material: **ein altes Fahrrad** **Alltagsgegen-stände aller Art** **kleines Werkzeug**	**Das musikalische Fahrrad** Was? Ein Fahrrad ist musikalisch? Natürlich kann es nicht singen, aber es steckt eine Menge Musik in ihm. Schon ohne besondere Veränderungen lassen sich mit einem Fahrrad eine Menge Geräusche erzeugen, z. B. mit Klingel, Schutzblech, Spei-chen, Rahmen, Bremsen usw. Welche Möglichkeiten ergeben sich wohl, wenn das Fahrrad nun zu einem Musikinstrument umgebaut wird? – Speichen verstimmen – Zusätzliche Klingeln anbringen – Stahlfedern des Sattels freilegen – … Ihr könnt das Fahrrad auch auf den Kopf stellen oder so umbauen, dass es nicht mehr als Fahrrad erkennbar ist.

Station 4	Wir stellen etwas her 5
Material: **Alltagsgegen- stände aller Art** **kleines Werkzeug**	**Die Instrumentenwerkstatt** In der Instrumentenwerkstatt werden keine Instrumente gebaut, die ihr sonst von einem Orchester erwartet. Die Instrumente aus dieser Werkstatt werden aus Schrott und Alltagsmaterialien hergestellt. – eine Blumentopf-Trommel – eine Nagel-Geige – eine Tischtennisball-Okarina – … Entwickelt und baut euer eigenes Instrument. Es soll den bestmöglichen Klang wiedergeben, den ihr mit dem Material erzielen könnt.

Station 4	Wir stellen etwas her 6
Material: **aufnahme- bereiter Kasset- tenrekorder mit gutem externen Mikrofon** HB 28–32	**Die Sound-Bibliothek** Ihr kennt alle eine Bibliothek. Dort werden viele Bücher aufbewahrt, die ihr euch zum Lesen ausleihen könnt. Eine Sound-Bibliothek ist ähnlich: Ihr könnt euch eine Kassette zum Hören ausleihen. Allerdings sind auf dieser Kassette nur Geräusche zu hören. Geräusche aus eurer Schule! – die Pausenklingel – die Schreibmaschine der Sekretärin – die Klospülung auf der Jungentoilette – die knackende Heizung in der 6d – … Geht auf die Suche nach typischen Geräuschen in eurem Schulgebäude oder auf dem Pausenhof und nehmt diese auf. Achtet darauf, dass wirklich immer nur ein Geräusch zu hören ist! Die Geräusche sollen maximal 20 Sekunden dauern. Denkt an eine Pause zwischen den Geräuschen.

Station 4	Wir stellen etwas her 7
Material: **aufnahmebereiter Kassettenrekorder mit gutem externen Mikrofon** HB 33–37	**Der Sound eurer Stadt** Ihr kennt sicher viele Ecken eurer Stadt. Vieles gibt es dort zu sehen: – den Bahnhof – den Hafen – den Stadtpark – die Kirche – den Marktplatz – … Aber wisst ihr auch wo ihr seid, wenn ihr die gleichen Plätze nur mit den Ohren besucht? Geht auf die Suche nach typischen Geräuschen eurer Stadt. Stellt euch an einen geeigneten Platz und nehmt auf, was dort zu hören ist. Achtet auch auf die Zeiten: nicht zu jeder Uhrzeit ist es sinnvoll, vor der Kirche zu stehen – die Glocken sollten schon läuten! Die Geräusche sollten pro Ort etwa 1 Minute betragen. Denkt an eine kurze Pause zwischen den Geräuschen.

Station 4	Wir stellen etwas her 8
Material: **aufnahmebereiter Kassettenrekorder mit gutem externen Mikrofon** HB 38	**Das Hörspiel** Dies soll ein ganz besonderes Hörspiel werden, denn es darf nicht gesprochen werden. Nur Klänge und Geräusche verraten den Hörern und Hörerinnen, was sich abspielt: – mit dem Bus vom Bahnhof zur Schule – ein Besuch im obersten Stockwerk eines Hochhauses – die Schulsekretärin richtet ihren Arbeitsplatz ein – ein langer Schultag – … Entwickelt eine Hörszene. Sie sollte einen deutlichen Beginn und ein klares Ende haben. Versucht so wenig unerwünschte Nebengeräusche wie möglich mit aufs Band zu bekommen.

Station 5	Wir drücken uns aus 1
2 Spieler/innen	**Geräusch-Code**
Material: **Wurfkiste** S. 55 **2 gleiche Sätze von Alltags-materialien** (als Wurfgegen-stände)	Beide Spieler/innen haben jeweils die gleichen Wurfgegenstände vor sich liegen. Zunächst müsst ihr prüfen, ob ihr eure Gegenstände am Aufprallgeräusch sicher voneinander unterscheiden könnt. Anschließend ordnet ihr gleichen Gegenständen jeweils eine Ziffer zu. Nun könnt ihr einander Rechenaufgaben übermitteln: Spieler/in 1 stellt eine Rechenaufgabe (2 + 3) und übermittelt diese durch entsprechende Würfe; Spieler/in 2 löst die Aufgabe (= 5) und übermittelt das Ergebnis eben-falls durch Würfe. (Aufgaben vorher notieren!)

Station 5	Wir drücken uns aus 2
2 Spieler/innen	**Schnur-Telefon**
Material: **2 Joghurtbecher** **Schnur**	Bastelt euch ein Schnur-Telefon. Ihr werdet staunen, wie es funktioniert!

Station 5	Wir drücken uns aus 3
Material: **Tisch** **elektrische Klingel oder Klavier**	**Telegraphisches Alphabet** a = . - i = . . r = . - . ä = . - . - j = . - - - s = . . . b = - . . . k = - . - t = - c = - . - . l = . - . . u = . . - ch = - - - - m = - - ü = . . - - d = - . . n = - . v = . . . - e = . o = - - - w = . - - f = . . - . ö = - - - . x = - . . - g = - - . p = . - - . y = - . - - h = ... q = - - . - z = - - . . Tauscht mit Hilfe des Morsealphabets Botschaften aus. Bei einem Strich „klingelt" ihr lange, bei einem Punkt tippt ihr nur ganz kurz. Nach jedem Buchstaben wird eine kurze Pause gemacht. Fangt mit ganz kurzen Botschaften an, z. B.: „Steh auf".

Station 5	Wir drücken uns aus 4
Material: **Textbogen** S. 64	**Text: Die Aussage** **Günther Weisenborn** Suche dir einen Ort, an dem du ein wenig für dich alleine bist und lies dir den Text in Ruhe durch. In dem Text geht es um Leben und Tod. Manchmal ist es notwendig, sich eine Art Geräusch-Sprache auszudenken, wenn man nicht miteinander reden kann. Was nur, wenn der andere diese Geräusch-Sprache nicht versteht …? Mache selbst einen Versuch: Überlege dir eine Art Geheimcode, den du einem Mitglied deiner Klasse beibringen willst. Wie viel Zeit braucht es wohl, bis dein Partner deine Zeichen verstanden hat?

Station 5	Wir drücken uns aus 5
Material: **Textbogen** S. 65 **Schreibutensilien**	**Text: Der Indianer und der weiße Mann** Anonym Lest den Text in Ruhe durch. Wir hören vor allem das, was uns bekannt ist. Manche Geräusche sind uns bereits so selbstverständlich geworden (z. B. Straßenlärm), dass wir „besondere" Schallereignisse nicht sofort bewusst wahrnehmen. Macht selbst einen Versuch in der Gruppe: Jede/r nimmt sich ein Blatt Papier und einen Stift. Öffnet das Fenster oder setzt euch auf den Schulhof. Jede/r für sich schreibt alle verschiedenen Geräusche auf, die er/sie in den nächsten 2 Minuten hört. Wenn ihr bei einem Geräusch nicht wisst um was es sich handelt, umschreibt es. Auch unterschiedliche Vogelstimmen sollten jede für sich notiert werden! Auf keinen Fall dürft ihr während dieser Zeit sprechen, essen usw. Anschließend vergleicht ihr eure Ergebnisse: Worin stimmt ihr überein? Was hat nur einer gehört? Sind einige Geräusche auch nach eurer Auswertung zu hören?

Station 5	Wir drücken uns aus 6
Material: **Kassetten-rekorder oder CD-Player** **Hörbeispiel** **Malstifte Zeichenblatt**	**Klang-Bild** Um diese Aufgabe auszuführen, müsst ihr euch ein Musikstück aus-wählen. Es soll ein Stück **ohne Worte** sein und kann sowohl aus der so genannten klassischen Musik stammen als auch aus der Popmusik. Wichtig ist, dass **ihr** das Stück aussucht und euch einigt. Hört euch das Musikstück oder einen Ausschnitt in Ruhe an. Drückt eure Empfindungen beim Hören des Stückes malend aus. Malt hauptsächlich mit Linien, Flächen, geometrischen Figuren, Fantasiezeichen usw. und verzichtet möglichst auf Gegenstände und Personen. Anschließend erläutert ihr eure Bilder untereinander.

Station 5	Wir drücken uns aus 7
Material: **Kassetten-rekorder oder CD-Player** **Hörbeispiel** **Malstifte Zeichenblatt**	**Klang-Spuren** Um diese Aufgabe auszuführen, müsst ihr euch ein Musikstück aus-wählen. Es soll ein Stück **ohne Worte** sein und kann sowohl aus der so genannten klassischen Musik stammen als auch aus der Popmusik. Wichtig ist, dass **ihr** das Stück aussucht und euch einigt. Startet das Hörbeispiel und hört auf die Melodie. Nehmt einen Stift und fangt an zu zeichnen. Zeichnet aber keine Gegenstände! Euer Stift soll Spuren hinterlassen, wie sie ein Autoscooter auf dem Jahr-markt machen könnte: Setzt euren Stift an der linken Seite des Papiers an, atmet ruhig ein und beginnt beim Ausatmen nach rechts eine Wellenlinie zu zeichnen. Erst am rechten Ende des Blattes habt ihr **vollständig** ausgeatmet! Dies wiederholt ihr so oft, bis das Musikstück beendet ist. Die entstandenen kleinen Felder könnt ihr anschließend mit drei Farben ausmalen.

Station 5	Wir drücken uns aus 8
Material: **Hör-Schutz** **evtl. aufnahme-bereiter Kassetten-rekorder**	**Ich kann dich nicht hören!** Geredet wird im Unterrichtsalltag eine ganze Menge, sowohl von Lehrern als auch von Schülern. Ständig werden die Ohren gefordert zuzuhören. Was wäre, wenn ihr auf einmal nichts mehr hören könntet? Auf welche Art und Weise funktionierte dann die Verständigung? Jedes Gruppenmitglied setzt sich einen Hör-Schutz-„Kopfhörer" auf. Übermittelt euch nun Botschaften oder kommt über ein vorher aus-gemachtes Thema miteinander ins „Gespräch", Dauer: 5–10 Minu-ten. Welcher Hilfsmittel bedient ihr euch zur Verständigung? Tauscht anschließend eure Erfahrungen aus. Tipp: Lasst einen Kassettenrekorder mitlaufen und hört ihn gemeinsam ab. Habt ihr wirklich nichts gesagt?

Station 6	Wir machen Musik 1

Material:

1 Satz Karten mit grafischer Notation
S. 66–69

Instrumente aller Art

aufnahme-bereiter Kassetten-rekorder

HB 39/40

Klangpartitur

Diese Klangpartitur besteht aus mehreren Teilen = Einzelkarten. Es gibt keinen festgelegten Anfang und kein festgelegtes Ende. Stellt euch euer eigenes Stück zusammen. Probiert dabei mehrere Möglichkeiten aus. Entscheidet euch für eine Version, spielt sie und nehmt sie mit einem Kassettenrekorder auf.

Bevor ihr an die Arbeit geht, verständigt euch:
– Was bedeuten die Zeichen?
– Wie sollen sie musikalisch umgesetzt werden?

Station 6	Wir machen Musik 2

Material:

mehrere DIN-A4-Bögen blanko dicke Filzstifte

Instrumente aller Art

aufnahme-bereiter Kassetten-rekorder

Klang-Komposition

Eure Klang-Komposition soll aus mehreren Teilen bestehen. Malt jede Klang-Aktion auf eine gesonderte Karte:

– Was bedeuten die Zeichen?
– Wie sollen sie musikalisch umgesetzt werden?

Stellt anschließend das Stück zusammen. Probiert dabei mehrere Möglichkeiten aus. Entscheidet euch für eine Version, spielt sie und nehmt sie mit einem Kassettenrekorder auf.

Station 6	Wir machen Musik 3
Material: **3 × 3 jeweils gleiche Instrumente** (z. B. Triangel, Trommel, Claves) **evtl. weitere Instrumente** **aufnahmebereiter Kassettenrekorder** HB 41	**Rücken an Rücken** Drei Spieler erhalten jeweils eine Handtrommel, einen Triangel und ein paar Claves. Die Spieler sitzen mit dem Rücken gegeneinander. Spieler/in 1 schlägt durchgehend leise die Handtrommel, Spieler/in 2 erzeugt auf dem Triangel Klänge, Spieler/in 3 schlägt die Claves leise gegeneinander. Dann wechselt ein Spieler sein Instrument. Der Handtrommelspieler nimmt z. B. den Triangel. Die Triangelspielerin muss bemerken, dass ihr Klang nun doppelt vorhanden ist, der Handtrommelklang aber fehlt. Sie reagiert, indem sie auf der Handtrommel weiterspielt usw. Nehmt euer Musizieren mit dem Kassettenrekorder auf. Probiert das Rücken-an-Rücken-Musizieren auch mit vier Spieler/innen aus. Dann benötigt ihr von jedem Instrument 4 Stück.

Station 6	Wir machen Musik 4
Material: **Bildmaterial** **Erweitertes Instrumentarium** **aufnahmebereiter Kassettenrekorder**	**Die Zwitschermaschine** Der Maler dieses Bildes heißt Paul Klee (1879–1940). Betrachtet zunächst das Bild und sprecht über eure Gefühle und Vorstellungen. Findet nun einen Klang – für den ersten „Vogel" – für die weiteren „Vögel" – für den Dreh-Mechanismus – … Entwickelt aus euren Klängen ein Musikstück, das die Zwitschermaschine eindrucksvoll wiedergibt. Nehmt euer Stück mit dem Kassettenrekorder auf.

Station 6	Wir machen Musik 5
Material: **verschiedene Instrumente** (wahlweise Klangstäbe, Glockenspiele, Metallophone, Xylofone) **aufnahmebereiter Kassettenrekorder** HB 42	**Musikalisches Gespräch** In diesem Gespräch sollt ihr genau wiedergeben, was euer jeweiliger Vorredner gesagt hat. Allerdings wird nicht gesprochen, sondern auf Instrumenten gespielt. Jede/r wählt sich ein Instrument. Einigt euch zunächst auf **zwei bestimmte Töne**! Geht nach folgendem Ablauf vor: – Stille – Schülerin 1 spielt eine kurze Tonfolge. – Stille – Schülerin 1 schaut einen anderen Schüler an, der die kurze Tonfolge nachspielen muss. – Stille – Der andere Schüler spielt eine neue Tonfolge. – Stille – Er schaut eine andere Schülerin an, …. – usw. Die jeweiligen Tonfolgen sollen für den nachfolgenden Spieler wiederholbar sein. War eure Aktion mit 2 Tönen erfolgreich, wählt einen dritten hinzu; später einen vierten usw. Wie viele Runden schafft ihr? Nehmt euer Musizieren mit einem Kassettenrekorder auf.

Station 6	Wir machen Musik 6
Material: **verschiedene Instrumente** (wahlweise Klangstäbe, Glockenspiele, Metallophone, Xylofone) **aufnahmebereiter Kassettenrekorder** HB 43	**Einen Klangteppich weben** Jede/r wählt sich ein Instrument. Ihr benötigt mindestens 3, höchstens aber vier verschiedene Töne. – Jede/r wählt sich zunächst einen Ton aus. – Fangt gleichzeitig an euren jeweiligen Ton leise anzuschlagen. – Spielt in etwa ein gleiches Tempo. – Spieler 1 beginnt nun auf seinem Instrument mit drei Tönen eine kurze Tonfolge zu spielen, die er beliebig oft wiederholt. Wie schnell oder langsam er spielt, bleibt ihm überlassen. Seine Tonfolge soll deutlich zu hören sein! – Anschließend schaut er eine andere Spielerin an und nickt ihr zu. Diese Spielerin denkt sich nun eine eigene Drei-Ton-Folge aus. – Spieler 1 spielt nach dem Wechsel wieder seinen Ausgangston im ursprünglichen Tempo. – usw. Spielt mindestens 2 Runden durch. Sind die Solisten zu hören? Nehmt euer Musizieren mit dem Kassettenrekorder auf.

Station 6	Wir machen Musik 7
Material: **erweitertes Instrumentarium** **aufnahme-bereiter Kassetten-rekorder**	## Dirigent/in und Orchester Einer aus eurer Gruppe ist der Dirigent, die anderen spielen im Orchester. Der Dirigent soll – klare Zeichen für die Einsätze geben – Start und Schluss deutlich anzeigen – einem Instrument ein Solo zuweisen – leise und laut spielen lassen – dem Orchester genügend Zeit zum Spielen geben Das Orchester muss – zügig und genau auf die Zeichen des Dirigenten reagieren – musizieren, nicht sprechen Wechselt euch nach jedem Durchgang mit dem Dirigieren ab. Nehmt eure Werke mit dem Kassettenrekorder auf.

Station 6	Wir machen Musik 8
Material: **Hörmasken nach Anzahl der Mitspieler/innen** S. 62 **jeweils gleiche Sätze zu vier un-terschiedlichen Instrumenten** **aufnahme-bereiter Kassetten-rekorder** HB 44	## Wer hört, muss fühlen Alle Spieler erhalten einen gleichen Satz an Instrumenten, z. B. Triangel, Claves, Handtrommel und Wooden Agogo, und legen diese vor sich. Alle setzen ihre Hörmaske auf. Nun nimmt jede/r ein Instrument und beginnt zu spielen. Nach einer Weile sollen alle Spieler/innen während einer Runde auf ein gemein-sames Instrument einsteigen (alle spielen dann z. B. Claves). Ihr müsst euch also während des Spielens entscheiden: Sollen die anderen sich nach meinem Instrument richten oder folge ich einem bestimmten Klang? Da eure Augen verbunden sind, müsst ihr die Instrumente ertasten. Spielt mindestens drei erfolgreiche Runden, dabei darf ein End-Instru-ment auch noch einmal gewählt werden. Nehmt eure Musik mit einem Kassettenrekorder auf.

3. Kopiervorlagen und Materialien

Grundwissen „Hören"

Akustische Schwingungen in der Luft reizen die Hörsinneszellen im Innenohr. Über den Hörnerv senden sie ihre Informationen ins zentrale Nervensystem (ZNS). Hier erfolgt die Auswertung des in der Gehörschnecke entstandenen „Schallbildes". Zugleich wird durch zentralnervale Mechanismen der Tonkontrast gesteigert und damit das Tonunterscheidungsvermögen verbessert. Der Hörbereich des Menschen liegt individuell zwischen 16 und 21 000 Hz. Beidohriges Hören ermöglicht die ungefähre Ortung einer Schallquelle, begründet durch Laufzeitunterschiede des Schalls zwischen beiden Ohren, die zu Phasendifferenzen der Schallschwingung führen. So genügt beim Menschen eine Zehntausendstel Sekunde um die Schallrichtung ermitteln zu können. Mit dieser Zeit wird nämlich das der Schallquelle näher liegende Ohr früher als das abgewandte erreicht.

Im ZNS werden die Hörimpulse ebenfalls mit Impulsen verarbeitet, die von dem Gleichgewichtssinn, den Muskeln und der Haut stammen. Einige Impulse senden weiter zu anderen Hirnabschnitten, um mit anderen Gefühlserregungen oder motorischen Befehlen verbunden zu werden.

Die mit anderen Sinneswahrnehmungen kombinierte Hör-Information wird dann zu verschiedenen Abschnitten der Großhirnrinde weitergeleitet; z. B. der Hörrinde, die von der Zone der Hör-Erinnerungen umgeben wird. Mit besonderen Hör-Eindrücken verbunden sind das Zentrum des Sprachverständnisses (akustisches Sprachzentrum) und das Lesezentrum (optisches Sprachzentrum).

Auf jedem Hirnniveau wird die ankommende Nachricht deutlicher und genauer. Die komplizierte Leistung dieses Prozesses ist die Umdeutung bestimmter Laute zu sinnvollen Silben und Lauten.

Die Anfänge auditiver Wahrnehmungsfähigkeit liegen bereits in der vorgeburtlichen Phase. Der Fetus nimmt im Mutterleib Laute wahr, hört sie und reagiert darauf. Ebenso erlebt er mit dem Herzschlag der Mutter seinen ersten Rhythmus und reagiert darauf mit eigenen Rhythmusveränderungen. Nach der Geburt erreichen die Klänge über das Ohr unsere Gefühle. Musik kann unserer Seele gut tun oder auch uns mit „Bauchschmerzen und Ohrensausen" reagieren lassen.

Physikalische Vertiefungen zum Phänomen der zentralnervösen Bewertung sind in der einschlägigen Fachliteratur nachzulesen. Dabei wird deutlich darauf hingewiesen, „dass die Arbeit unserer Sinnesorgane – so großartig ihre Empfindlichkeit und ihre Präzision auch ist – nur halbe Arbeit wäre, wenn nicht unser Gehirn die primären Daten der Sinnesorgane, die Informationen, die sie über unsere Umwelt liefern, in einem offenbar außerordentlich komplizierten, der Wissenschaft fast noch völlig unbekannten System in jedem Augenblick miteinander in Beziehung setzen, ‚verarbeiten', umformen und bewerten würde". Nach: *Dietmar Todt (Hrsg.): Biologie 1. Systeme des Lebendigen. Frankfurt a. M. 1976. S. 312 (= Funk-Kolleg)*

Organisations-Aushang blanko

Ohren auf!			
Wo finde ich was?			
Station	Standort	Arbeitsplatz	Kiste

Auf DIN-A3-Format vergrößern.

Bearbeitungsplan

Ohren auf!

Wer arbeitet wo?

Name	Datum 1	Datum 2	Datum 3	Datum 4	Datum 5	Datum 6	Bemerkungen

Auf DIN-A3-Format vergrößern.

Inhaltsverzeichnis Kiste blanko

Kiste Nr.

Inhaltsverzeichnis	Anmerkungen

Station 1   Wir informieren uns 1
Arbeitsbogen 1

Das Ohr

○ Ohrmuschel   ○ (äußerer) Gehörgang

○ Trommelfell   ○ Ohrspeicheldrüsen

○ Amboss   ○ Hammer   ○ Paukenhöhle

○ Steigbügel   ○ Eustachische Röhre

○ Schnecke   ○ Bogengänge

○ Gleichgewichtsnerv   ○ Gehörnerv

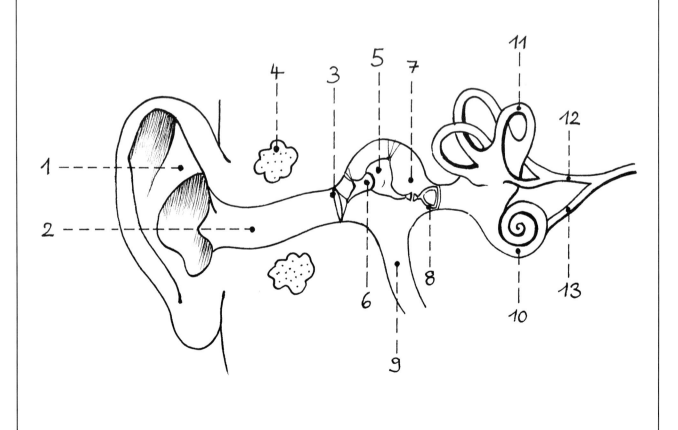

Station 1   Wir informieren uns 1
Arbeitsbogen 1

Das Ohr

1. Ohrmuschel

2. (äußerer) Gehörgang

3. Trommelfell

4. Ohrspeicheldrüsen

5. Amboss

6. Hammer

7. Paukenhöhle

8. Steigbügel

9. Eustachische Röhre

10. Schnecke

11. Bogengänge

12. Gleichgewichtsnerv

13. Gehörnerv

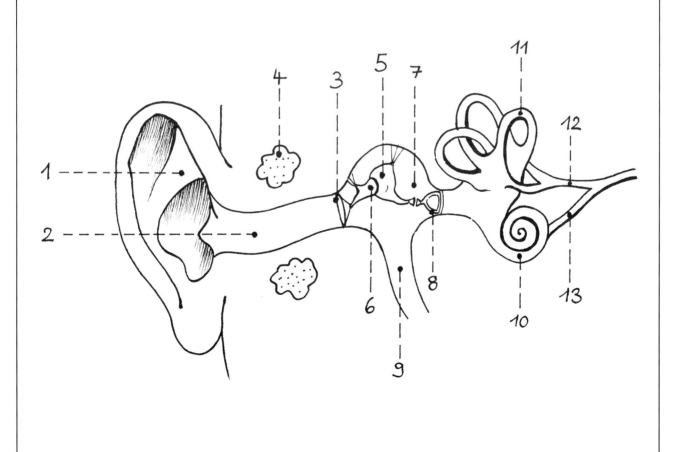

Station 1   Wir informieren uns 1
Arbeitsbogen 1

Station 1   Wir informieren uns 2
Arbeitsbogen 2

Wie das Ohr arbeitet

Viele Töne und Geräusche dringen an unser Ohr.
Es sind Schwingungen, die sich durch die Luft ausbreiten.

Unsere _____ fangen diese Schwingungen auf.

Sie kommen in den _____

und treffen auf das _____.

Das ist ein gespanntes Häutchen.
Es fängt durch die Töne und Geräusche selbst zu schwingen an.

Über die _____ werden die Schwingungen in
das innere Ohr geleitet.
Die Gehörknöchelchen heißen *Hammer*, *Amboss* und *Steigbügel*, weil sie wie
diese Gegenstände geformt sind.

Im inneren Ohr liegen in der _____

die empfindlichen _____.

Wenn die Schwingungen dort angekommen sind, können wir sie hören.
Blitzschnell werden sie an unser Gehirn weitergeleitet.
Dieses kann genau unterscheiden, ob es sich dabei um wohlklingende Töne,
um Geräusche oder um Sprache handelt.

Station 1   Wir informieren uns 2
Arbeitsbogen 2

Wie das Ohr arbeitet

Viele Töne und Geräusche dringen an unser Ohr.
Es sind Schwingungen, die sich durch die Luft ausbreiten.

Unsere _____ *Ohrmuscheln* _____ fangen diese Schwingungen auf.

Sie kommen in den _____ *Gehörgang* _____

und treffen auf das _____ *Trommelfell* _____ .

Das ist ein gespanntes Häutchen.
Es fängt durch die Töne und Geräusche selbst zu schwingen an.

Über die _____ *Gehörknöchelchen* _____ werden die Schwingungen in
das innere Ohr geleitet.
Die Gehörknöchelchen heißen *Hammer*, *Amboss* und *Steigbügel*, weil sie wie
diese Gegenstände geformt sind.

Im inneren Ohr liegen in der _____ *Schnecke* _____

die empfindlichen _____ *Gehörnerven* _____ .

Wenn die Schwingungen dort angekommen sind, können wir sie hören.
Blitzschnell werden sie an unser Gehirn weitergeleitet.
Dieses kann genau unterscheiden, ob es sich dabei um wohlklingende Töne,
um Geräusche oder um Sprache handelt.

Spielfeld für Hör-Memory (Station 2/1)

Bauplan Wurfkiste (Station 2/4)

Material: **2 Frontplatten** (dünnes Holz)
Breite und Höhe jeweils ca. 45 cm; Durchmesser der Wurflöcher ca. 16 cm
2 Seitenteile (dickes Holz)
Höhe ca. 30 cm; Breite ca. 12 cm.

Bauanleitung

Die Wurfkiste sollte von den Maßen her so konzipiert sein, dass sie als Trennwand zwischen zwei Kindern steht und diese voneinander nicht sehen, was jeweils in die Kiste geworfen wird. Deshalb sollten die beiden Wurflöcher auch versetzt in die Seitenwände gesägt werden (siehe Zeichnung). Die Fronten werden auf die Seitenteile geleimt und genagelt. Die Wurfkiste ist unten und oben offen.

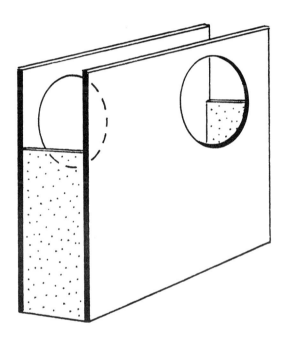

Idee aus: Uwe Hameyer u. a.: Kommunizieren mit Geräuschen und Tönen. 2. Aufl. Kiel 1992 (= Naturwissen-schaften AKTIF, Bd. 7)

Spielplan für ein Hör-Lotto (Stationen 2/5, 2/6, 2/7)

- Spielplan auf (farbige) Pappe kopieren.
- Vergrößerte Bildkärtchen (Variante 1)
  oder vergrößerte Namenkärtchen (Variante 2) auf die Felder kleben.
- Spielplan mit Folie überziehen.

Spielkärtchen für das Hör-Lotto Blasinstrumente (Station 2/5)

- Die Kärtchen so vergrößern, dass ihre Größe der eines Quadrats auf dem Spielplan entspricht.
- Kärtchen ausschneiden.
- Bild- **oder** Namenkärtchen auf den Spielplan aufkleben.
- Jeweils andere Kärtchen auf Pappe kopieren und mit Folie überziehen.
- Die Sterne (*) dienen zur Selbstkontrolle.

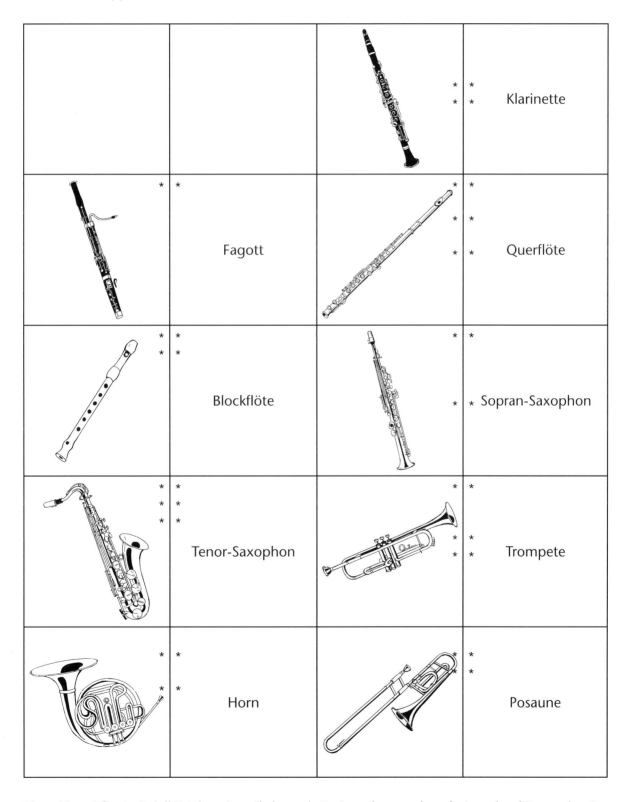

Tipp: Vergrößerte Spielkärtchen jeweils komplett einmal normal **und** einmal auf Pappe kopieren und mit Folie beziehen. Auf diese Weise ergibt sich gleich das Material für beide Varianten dieses Instrumentenlottos.

Spielkärtchen für das Hör-Lotto Schlaginstrumente (Station 2/6)

- Die Kärtchen so vergrößern, dass ihre Größe der eines Quadrats auf dem Spielplan entspricht.
- Kärtchen ausschneiden.
- Bild- **oder** Namenkärtchen auf den Spielplan aufkleben.
- Jeweils andere Kärtchen auf Pappe kopieren und mit Folie überziehen.
- Die Sterne (*) dienen zur Selbstkontrolle.

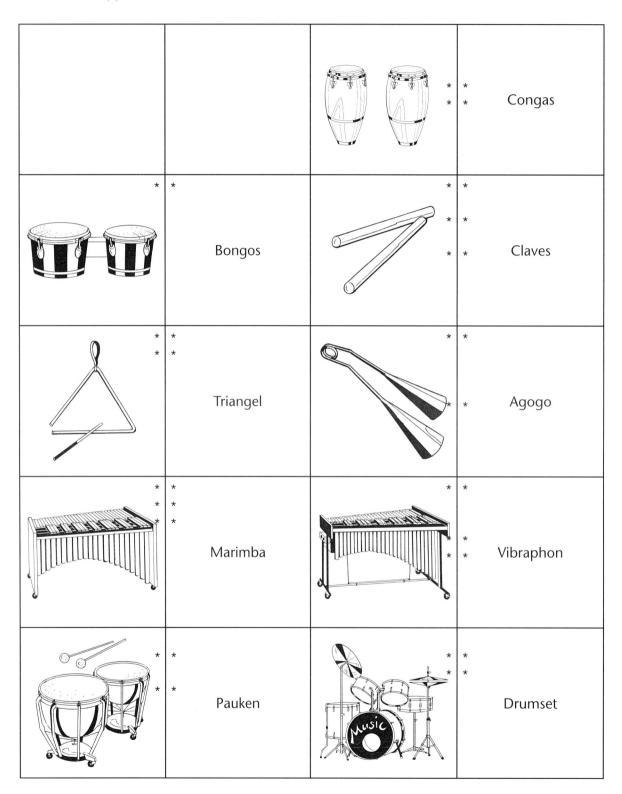

Tipp: Vergrößerte Spielkärtchen jeweils komplett einmal normal **und** einmal auf Pappe kopieren und mit Folie beziehen. Auf diese Weise ergibt sich gleich das Material für beide Varianten dieses Instrumentenlottos.

Spielkärtchen für das Hör-Lotto Saiteninstrumente (Station 2/7)

- Die Kärtchen so vergrößern, dass ihre Größe der eines Quadrats auf dem Spielplan entspricht.
- Kärtchen ausschneiden.
- Bild- **oder** Namenkärtchen auf den Spielplan aufkleben.
- Jeweils andere Kärtchen auf Pappe kopieren und mit Folie überziehen.
- Die Sterne (*) dienen zur Selbstkontrolle.

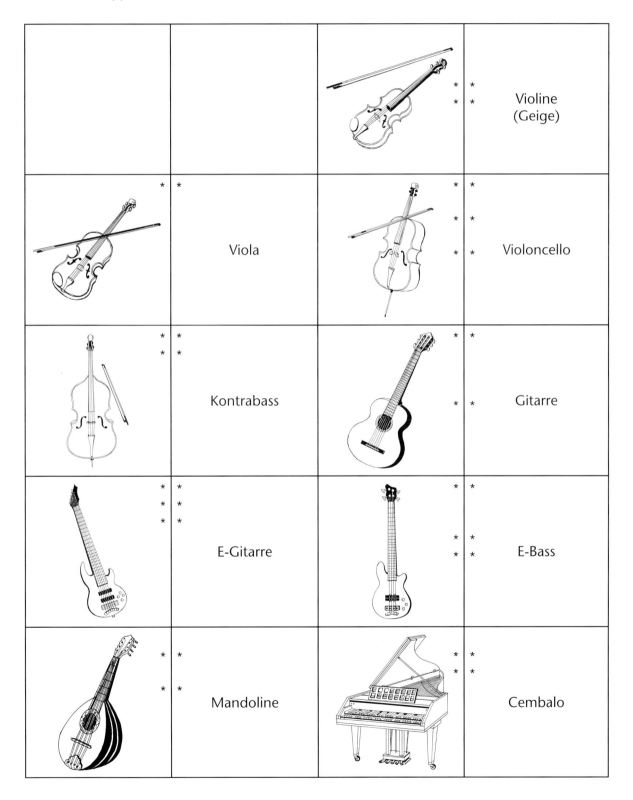

Tipp: Vergrößerte Spielkärtchen jeweils komplett einmal normal **und** einmal auf Pappe kopieren und mit Folie beziehen. Auf diese Weise ergibt sich gleich das Material für beide Varianten dieses Instrumentenlottos.

Spielkärtchen für ein Hör-Lotto blanko

- Die Kärtchen so vergrößern, dass ihre Größe der eines Quadrats auf dem Spielplan entspricht.
- Bilder von Instrumenten auf die Kärtchen kleben oder zeichnen und die Namen der Instrumente jeweils auf das Kärtchen rechts daneben schreiben.
- Kärtchen ausschneiden.
- Bild- **oder** Namenkärtchen auf den Spielplan aufkleben.
- Jeweils andere Kärtchen auf Pappe kopieren und mit Folie überziehen.
- Die Sterne (*) dienen zur Selbstkontrolle.

			* | * * | *
* | *			* | * * | * * | *
* | * * | *			* | * * | *
* | * * | * * | *			* | * * | * * | *
* | * * | *			* | * * | *

Tipp: Vergrößerte Spielkärtchen jeweils komplett einmal normal **und** einmal auf Pappe kopieren und mit Folie beziehen. Auf diese Weise ergibt sich gleich das Material für beide Varianten dieses Instrumentenlottos.

Versuchsprotokoll

Station 3	Wir stellen Versuche an

Versuchsprotokoll

Versuch Nr:

Beobachtung:

Erkenntnis:

Hörmaske

Bastelvorlage für eine „Hörmaske"

Um den Sehsinn vollständig auszuschalten, setzen sich die Versuchspersonen eine Maske auf. Diese ist leicht herzustellen.

Material: Vorlage
Tonpapier
breites Klebeband
Gummiband

Schere
Tacker

Die Vorlage (s. u.) muss auf Tonpapier kopiert werden. Dann wird sie ausgeschnitten. Damit die Maske stabil wird, wird sie mit dem Klebeband überzogen. Das Gummiband wird links und rechts an den Seiten festgetackert.

Anschließend können die Hörmasken noch lustig gestaltet werden.

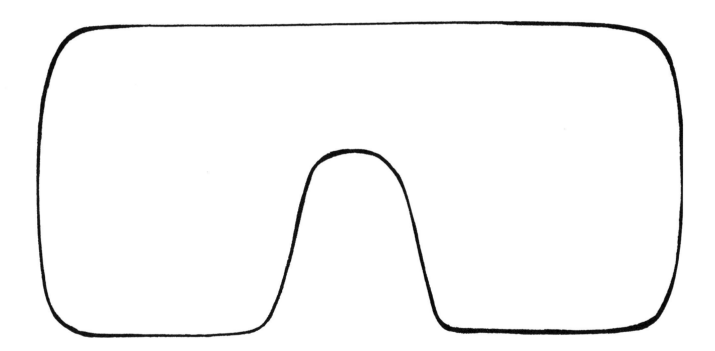

Bau einer Flüstertüte (Stationen 3/5, 3/6)

Bastelanleitung für eine Flüstertüte

Material: 3 Musterbeutelklammern
              weißer Karton DIN A0 (für 4 Schüler)

              Schere
              Zirkel
              Bleistift
              Locher

Herstellung der Schablone: Radius AC = 50 cm
                               Radius BC = 14 cm

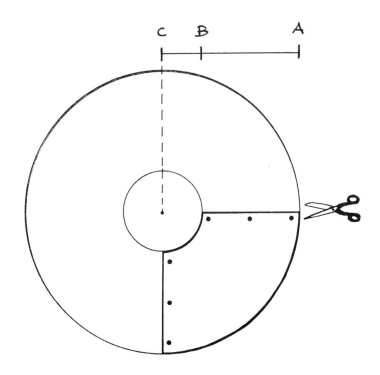

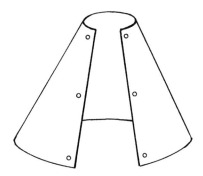
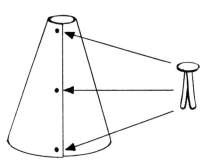

Textbogen zu „Die Aussage" (Station 5/4)

Günther Weisenborn

Aus: Memorial. München: Verlag Kurt Desch 1947, S. 35 f., 40 ff.

Als ich abends gegen 10 Uhr um mein Leben klopfte, lag ich auf der Pritsche und schlug mit dem Bleistiftende unter der Wolldecke an die Mauer. Jeden Augenblick flammte das Licht in der Zelle auf, und der
5 Posten blickte durch das Guckloch. Dann lag ich still. Ich begann als Eröffnung mit gleichmäßigen Takten. Er erwiderte genauso. Die Töne waren fein und leise wie sehr entfernt. Ich klopfte einmal = a, zweimal = b, dreimal = c.
10 Er klopfte unregelmäßig zurück. Er verstand nicht. Ich wiederholte, er verstand nicht. …
Ich wiederholte hundertmal, er verstand nicht. Ich wischte mir den Schweiß ab, um meine Verzweiflung zu bezwingen. Er klopfte Zeichen, die ich nicht ver-
15 stand, ich klopfte Zeichen, die er nicht verstand. Ratlosigkeit.
Er betonte einige Töne, denen leisere folgten. Ob es Morse war? Ich kannte nicht Morse. Das Alphabet hat 25 Buchstaben. Ich klopfte für jeden Buchstaben die
20 Zahl, die er im Alphabet einnahm: für h achtmal, für p sechzehnmal.
Es tickten andere Takte herüber, die ich nicht begriff. Es schlug zwei Uhr. Wir mussten uns unbedingt verständigen. Ich klopfte:
25 . = a, . . = b, . . . = c
Ganz leise und fern die Antwort:
− − . − − − . − . .
Keine Verständigung. In der nächsten Nacht jedoch kam es plötzlich herüber, ganz leise und sicher:
30 ., . ., . . .
Dann die entscheidenden Zeichen: zweiundzwanzig gleiche Klopftöne. Ich zählte mit, das musste der Buchstabe V sein. Dann fünf Töne. Es folgte ein R, das ich mit atemlos kalter Präzision auszählte. Danach ein
35 S, ein T, ein E, ein H, ein E.
„… verstehe …"
Ich lag starr und glücklich unter der Wolldecke. Wir hatten Kontakt von Hirn zu Hirn, nicht durch den Mund, sondern durch die Hand.
40 Unser Verstand hatte die schwere Zellenmauer des Gestapokellers überwunden. Ich war nass vor Schweiß, überwältigt vom Kontakt. Der erste Mensch hatte sich gemeldet. Ich klopfte nichts als:
gut!
45 Es war entsetzlich kalt, ich ging den Tag etwa zwanzig Kilometer in der Zelle auf und ab, machte im Monat 600, in neun Monaten 5400 Kilometer, von Paris bis Moskau etwa, wartende Kilometer, fröstelnd, auf mein Schicksal wartend, das der Tod sein musste. Ich wusste
50 es, und der Kommissar hatte gesagt, dass bei mir „der Kopf nicht dran" bleiben würde.

Die zweite Aussage lag eben vor, daran war nichts zu ändern. Es war nur eine Hoffnung, wenn K. diese Aussage zurücknehmen würde. In der Nacht klopfte ich ihn an: 55
„Du – musst – deine – Aussage – zurücknehmen."
Er klopfte zurück:
„Warum?"
Ich: „Ist – zweite – Aussage – gegen – mich – bedeutet – Todesurteil –" 60
Er: „Wusste – ich – nicht –"
Ich: „Wir – sind – nicht – hier um – Wahrheit – zu – sagen –"
Er: „Nehme – zurück –"
Ich: „Danke –" 65
Er: „Morgen –"
Ich: „Was – brauchst – du?"
Er: „Bleistift –"
Ich: „Morgen – Spaziergang –"
Es wurde plötzlich hell. Das Auge der SS blickte herein. 70
Ich lag still unter der Decke. Es wurde wieder dunkel. Ich hatte Tränen in den Augen. „Nehme zurück!" Das werde ich nie vergessen. Es kam ganz fein und leise taktiert durch die Wand. Eine Reihe von kaum wahrnehmbaren Tönen, und es bedeutete, dass für mich 75 die Rettung unterwegs war. Sie bestand diese Nacht nur im Gehirn eines Todeskandidaten, drüben in Zelle acht, unsichtbar, winzig. Morgen würden es oben Worte werden, dann würde es ein unterschriebenes Protokoll im Büro sein, und eines Tages würde dies 80 alles dem Gericht vorliegen.
Dank in die Ewigkeit, K.!
Ich brach von meinem Bleistift die lange Graphitspitze ab und trug sie während des Spaziergangs bei mir. Es gingen ständig sechs Mann, immer dieselben, die ich 85 nicht kannte, im Kreis um den engen Gestapohof.
Zurückgekehrt standen wir auf unserem Flur zu drei Mann, weit voneinander entfernt, und warteten einige Sekunden, bis der Posten uns nachkam. Ich eilte heimlich auf Zelle 8 zu, riss die Klappe auf, warf die Blei- 90 stiftspitze hinein, schloss die Klappe lautlos und stellte mich eilig an meinen Platz. Ich werde nie das erstaunte Aufblicken seiner sehr blauen Augen, sein bleiches Gesicht, die Hände, die gefesselt vor ihm auf dem Tisch lagen, vergessen. Der Posten kam um die Ecke. 95 Das Herz schlug mir bis in den Hals. Wir wurden eingeschlossen.
Später klopfte es: „Danke – habe – Aussage – zurückgenommen."
Ich war gerettet. 100
Vielleicht.

Textbogen zu „Der Indianer und der weiße Mann" (Station 5/4)

anonym

Ein Indianer besuchte einen weißen Mann. In einer Stadt zu sein, mit dem Lärm, den Autos und den vielen Menschen, all dies war ganz neuartig und auch verwirrend für ihn.

5 Die beiden Männer gingen die Straße entlang, als plötzlich der Indianer seinem Freund auf die Schulter tippte und ruhig sagte: „Hörst du auch, was ich höre?" Der Freund horchte und sagte: „Alles, was ich

10 höre, ist das Hupen der Autos und das Rattern der Omnibusse." „Ich höre ganz in der Nähe eine Grille zirpen." „Du musst dich täuschen; hier gibt es keine Grillen. Und selbst, wenn es eine gäbe, würde man ihr

15 Zirpen bei dem Lärm nicht hören." Der Indianer ging ein paar Schritte und blieb vor einer Hauswand stehen. Wilder Wein rankte an der Mauer. Er schob die Blätter auseinander – und da saß tatsächlich eine Grille.

20 Der Weiße sagte: „Indianer können eben besser hören als Weiße." Der Indianer erwiderte: „Da täuschst du dich. Ich will es dir beweisen." Er warf ein 50-Cent-Stück auf das Pflaster. Es klimperte auf dem Asphalt,

25 und die Leute, die mehrere Meter entfernt gingen, wurden auf das Geräusch aufmerksam und sahen sich um. „Siehst du", sagte der Indianer, „das Geräusch, das das Geldstück gemacht hat, war nicht lauter als das

30 der Grille. Und doch hören es viele der weißen Männer. Der Grund liegt darin, dass wir alle stets das gut hören, worauf wir zu achten gewohnt sind."

Aus: Die Blumen der Blinden. Kurze Geschichten zum Nachdenken. München 1983, S. 10

Grafische Notation zu „Klangpartitur" (Station 6/1)

Die Karten müssen auf DIN-A4-Format vergrößert werden. Anschließend auf Pappe kleben und mit Folie überziehen oder laminieren.

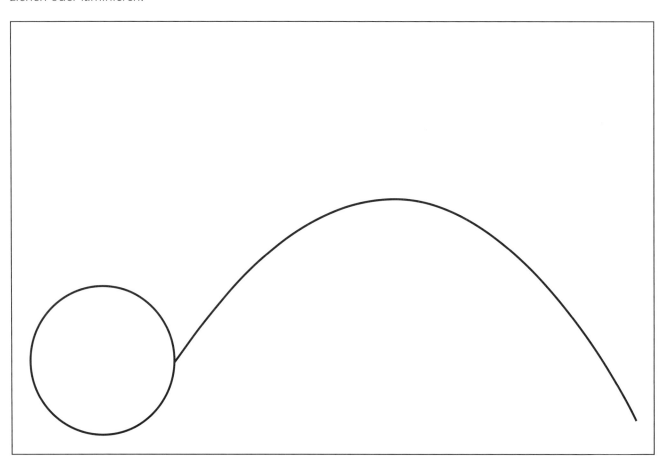

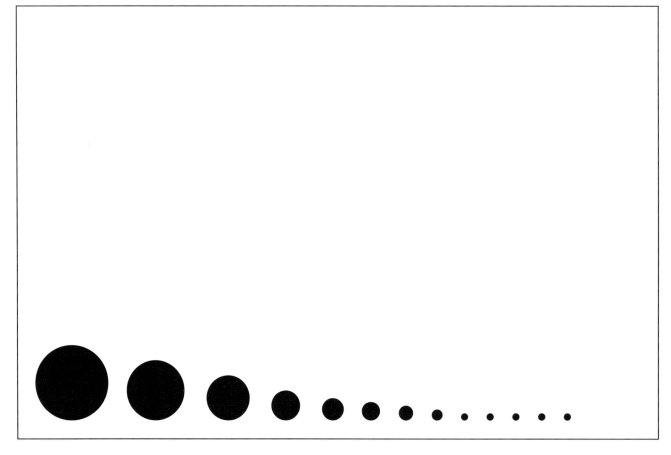

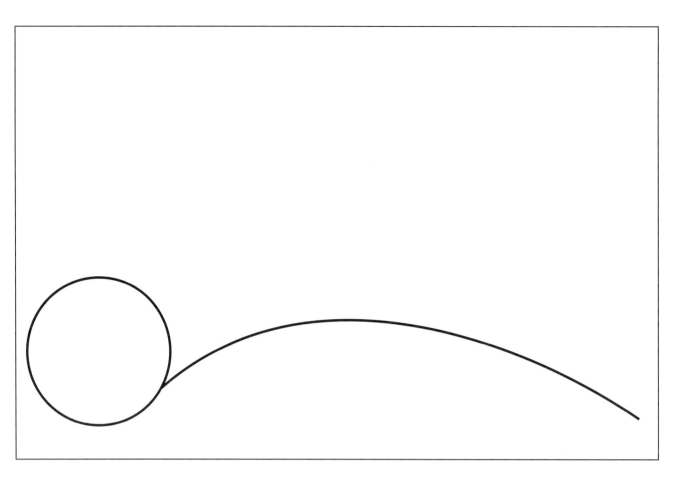

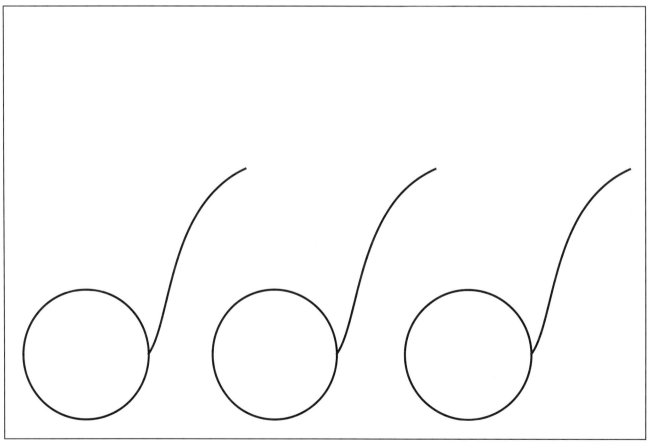

Stationskarten blanko

Klasse	Gemeinschaftsaktion
Material:	

Station 1	Wir informieren uns
Material:	

Station 2	Wir spielen
Material:	

Station 3	Wir stellen Versuche an
Material:	

Station 4	Wir stellen etwas her
Material:	

Station 5	Wir drücken uns aus
Material:	

Station 6	Wir machen Musik
Material:	

Hörbeispiele auf der CD (Best.-Nr. 3-403-0**5919**-7)

Nr.	HB	ggf. Titel	ggf. Interpret/in
1	Klarinette	Melancholie I	Jens Tolksdorf
2	Fagott	Happy Birthday	Susanne Schiemenz
3	Querflöte	Sonate C-Dur (Händel)	Nina Röttjer
4	Blockflöte	Divertimento F-Dur (Haydn)	Nina Röttjer
5	Sopran-Saxophon	Melancholie II	Jens Tolksdorf
6	Tenor- Saxophon	Melancholie III	Jens Tolksdorf
7	Trompete	Melancholie IV	Stefan Schauer
8	Horn	Bär tot	Gertrud Schiemenz
9	Posaune	St. Louis Blues	Philipp Broda
10	Congas		Michael Pabst-Krueger
11	Bongos		Michael Pabst-Krueger
12	Claves		Michael Pabst-Krueger
13	Triangel		Michael Pabst-Krueger
14	Agogo		Michael Pabst-Krueger
15	Marimba	Etüde (Goldenberg)	Christian Höpfner
16	Vibraphon	Etüde (Goldenberg)	Christian Höpfner
17	Pauken	Out of the Moment	Christian Höpfner
18	Drumset	Out of the Moment	Christian Höpfner
19	Violine	Csárdás	Gesine Kratzert
20	Viola	Melancholie	Gesine Kratzert
21	Violoncello	Cello-Suite Nr. 3 (Bach)	Martin Seifert
22	Kontrabass	Tieftonfragmente	Kay Krügel
23	Gitarre	franz. Renaissanceweise	Kay Krügel
24	E-Gitarre	Some Kind of R&B	Kay Krügel
25	E-Bass	Believe the Prayer	Kay Krügel
26	Mandoline	russ. Volksweise	Kay Krügel
27	Cembalo	Chromatische Fantasie (Bach)	Andreas Gössing
28	Telefon / Fax-Abruf		
29	Schreibmaschine		
30	Drucker		
31	Aktenordner		
32	Kopierer		
33	Fußgängerzone I		
34	Fußgängerzone II (mit Akkordeonspieler)		
35	Bahnhof		
36	Strand		
37	Kirchenvorplatz		
38	Busfahrt		
39	Klangpartitur (a)		
40	Klangpartitur (b)		
41	Rücken an Rücken		
42	Musikalisches Gespräch		
43	Einen Klangteppich weben		
44	Wer hört, muss fühlen